# El libro de los
# cuentos y leyendas
## de América Latina y España

# El libro de los
# cuentos y leyendas
## de América Latina y España

ILUSTRACIONES DE JESÚS GABÁN

EDICIONES B
GRUPO ZETA

Barcelona • Bogotá • Buenos Aires • Caracas • Madrid • México D. F. • Montevideo • Quito • Santiago de Chile

1.ª edición: julio, 2000

© 2000, Jesús Gabán, por las ilustraciones
© 2000, Ediciones B, S. A.,
en español para todo el mundo
Bailén, 84 - 08009 Barcelona (España)
*www.edicionesb.com*

Impreso en España - Printed in Spain
ISBN: 84-406-9618-3
Depósito legal: B. 31.780-00

Impreso por Gráficas Domingo, S. A.

# SUMARIO

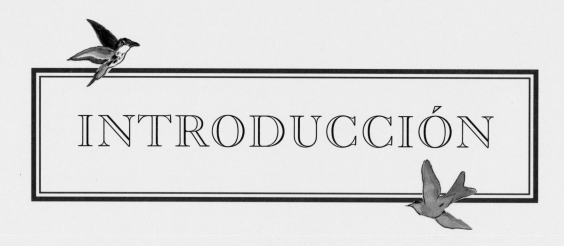

# INTRODUCCIÓN

Toda persona tiene la puerta abierta a la sorpresa, ya que de la vida siempre esperamos algo más, una visita inesperada.

Esto se cumple claramente en los cuentos que contienen una promesa de conocimiento más allá de lo que se ve a primera vista, de lo cotidiano. Los cuentos expresan las alegrías y los temores que invaden a los seres humanos, sean niños o personas adultas, su fascinación ante el misterio y la sabiduría, y contienen al mismo tiempo las necesarias enseñanzas sobre cómo reaccionar ante todo ello.

Con esta antología hemos querido que llegara a los lectores un ramillete de estos maravillosos relatos que han tomado forma a lo largo de los siglos y que han alimentado la fantasía de muchas generaciones. La convicción de que nos cuentan algo que nos atañe acompaña siempre su lectura porque su contenido tiene que ver con los anhelos y las aspiraciones más profundos de la existencia.

El interés por los cuentos es algo muy general. ¿Hay algún talismán que abra más los oídos que las frases: Érase una vez, había una vez...? Ellas solas tienen la llave de la atención de muchas personas, incluso las más dispersas y distraídas. Pero como a menudo en la actualidad faltan narradores de viva voz, libros como éste son los portadores de historias que se han trasmitido oralmente durante muchos siglos y conservan por escrito este patrimonio.

La amplia y variada comunidad latinoamericana no ha dejado de mantener vivos esos prodigios que son los cuentos populares sobre los cuales se han levantado las recreaciones de grandes autores. En ellos se entrecruzan muchas tradiciones vivas en los diferentes pueblos del continente, y las que proceden de Europa a través del español y el portugués. Si un día desaparecieran, se habría perdido una parte muy importante de una rica tradición acumulada.

En los cuentos toman vida personajes muy variados llenos de fantasía y de fuerza expresiva, capaces de las mayores emociones y las más singulares hazañas. Como pertenecen al mundo de la imaginación, a la que no se le puede poner coto fácilmente, la geografía donde se han desarrollado no corresponde con las actuales fronteras nacionales. Los cuentos están emparentados y tienen elementos comunes, hayan nacido al nivel del mar o a miles de metros de altitud, aunque también, en sus muy diversas versiones, reflejan el lugar donde se han desarrollado.

Esta selección pretende reflejar esa riqueza de personajes, de lugares, de tradiciones, de culturas... Por eso hemos pretendido que su procedencia fuera lo más amplia posible, señalando el grupo humano del que el cuento procede o en el que se mantiene vivo. Además, hemos puesto mucho empeño en seleccionar narraciones atractivas tanto por el hilo argumental como por el conflicto y la riqueza humana que reflejan.

En el resultado del libro, tiene un mérito especial el ilustrador que ha hecho un espléndido trabajo. Jesús Gabán, Premio Nacional de Ilustración en España, es un autor con una extensa obra publicada en muchos países y con una presencia internacional reconocida en foros tan importantes como la Bienal de Bratislava o la Muestra de ilustradores de la Feria de Bolonia. Asimismo, ha publicado muchos libros para América Latina, donde ha dado cursos a ilustradores. Sin él este libro tendría voz, pero no rostro.

# La lluvia de fuego

Cuando se quemó la Tierra, todos pensaron que estaban ante el fin del mundo. Pero no fue así, porque el Cacique, que gobierna la Tierra desde el cielo, había enviado a los hombres una paloma para que les previniese del fuego que prendería la Tierra. La paloma avisó a todos del desastre que se avecinaba, y les ordenó que cavasen un agujero donde refugiarse.

Sin embargo, muchos hombres y animales no creyeron a la paloma, y cuando llegó el fuego murieron por no haberse metido en el agujero. Los que sí le obedecieron se salvaron. La paloma enviada por el Cacique permaneció oculta, y por eso no se quemó.

El fuego dominó la Tierra durante mucho tiempo. Los hombres y los animales tuvieron que ser muy pacientes, porque parecía que aquella desgracia iba a durar eternamente. Y como no querían quedarse para siempre en aquel agujero cavado en el suelo, lanzaron a la paloma afuera para que les avisase cuando se apagara el fuego.

Tuvieron que esperar algún tiempo más, pero por fin llegó el día en que la paloma regresó para decirles que el fuego ya se había apagado. La alegría de los hombres y de los animales fue grande, y todos quisieron salir del agujero en aquel mismo instante. Pero antes de que lo hiciesen, la paloma les previno de nuevo:

—Cuando salgáis, no miréis alrededor. Si lo hacéis, el Cacique se enojará.

Pero al salir del agujero, la felicidad hizo que muchos hombres olvidaran el aviso. Y aquellos que miraron a su alrededor se convirtieron en animales: uno se transformó en ñandú, otro en jabalí... Como habían desobedecido la voluntad del Cacique, ya nunca más serían humanos.

Pero quienes recordaron la advertencia caminaron mirando al suelo y no se transformaron en animales. Se dispersaron por el mundo y construyeron casas donde cobijarse. Gracias a que había muchos animales y se multiplicaban con rapidez, siempre tuvieron qué comer, y eso les hacía felices. Y viendo que el mundo era más grande de lo que jamás soñaron cuando estaban ocultos en el agujero, decidieron tener muchos hijos para ocupar toda la Tierra. El Cacique los observaba, y de vez en cuando les mandaba alguna advertencia. Y cuando el Cacique vio que ya vivían bien, les dio una última orden:

—Cuidad de vuestra familia.

A partir de entonces los hombres ya no supieron nunca más de él, y tuvieron que caminar solos por el mundo.

*Esta leyenda se cuenta en el Chaco, región compartida por Argentina, Paraguay y Bolivia.*

# Los dos hermanos

En las entrañas de la selva, allí donde no se adentra ningún ser humano, vivían dos hermanos huérfanos. Como nadie se ocupaba ya de ellos, tenían que cuidarse solos.

Al muchacho le gustaba atender a su hermana, porque la quería mucho. Como era un ~~excelente~~ cazador, en casa de los dos hermanos jamás faltó comida: siempre regresaba, cansado pero contento, con una iguana, un ciervo o al menos una buena perdiz. También traía frutas silvestres, peces hermosos y huevos enormes. Y si ella le pedía miel, sabía donde encontrar los panales más dulces.

Pero la muchacha era egoísta y grosera, y no correspondía a las atenciones de su hermano. Lo trataba muy mal y lo hacía sufrir cuanto podía, pese a que él siempre se mostraba generoso y comprensivo. Y como además era muy perezosa, jamás traía comida a casa, ni se ocupaba de hacer de ella un lugar acogedor.

—¿Cómo podría yo lograr que mi hermana me quisiese

como yo la quiero? —se preguntaba el muchacho, pero nunca obtuvo de ella una palabra de cariño ni una muestra de afecto.

Una noche aquel joven llegó a la casa tras una agotadora jornada de caza. Hubiera deseado que su hermana lo recibiera con una sonrisa, porque se sentía muy cansado y triste, ya que no había logrado cazar nada. Además, traía los pies magullados. Sin embargo, ella se mostró tan despiadada como siempre y, cuando el muchacho le pidió un poco de agua con miel para recuperar las fuerzas, y hierbas tiernas para curar sus heridas, le contestó:

—¡Eres un melindroso y un vago! ¡Qué desgracia vivir contigo en esta selva!

Dicho esto, arrojó las hierbas al fuego y el agua a la cara de su desconsolado hermano.

A partir de entonces los hermanos apenas podían convivir. Cuando él preparaba su comida, ella le tiraba tierra en la olla. Cuando intentaba dirigirle la palabra, ella lo insultaba a gritos.

El muchacho comprendió que su hermana nunca le querría, por más que él intentase agradarle. Así que decidió abandonarla a su suerte en la selva, para que jamás volviese a martirizarlo.

Una tarde calurosa la joven clavó una dura mirada en su hermano y le ordenó:

—¡Dame agua con miel! ¡Estoy sedienta!

El muchacho fue a buscar una colmena y encontró una en la rama más alta de un majestuoso árbol que se alzaba sobre las copas de todos los demás. Las ramas estaban tan separadas unas de otras que era casi imposible trepar por ellas sin la ayuda de alguien. Entonces vio la oportunidad de vengarse de su hermana.

—¡Hermana mía, ayúdame a trepar por las ramas de este árbol! ¡En su copa encontraremos la miel más dulce que jamás hayas probado!

Aunque era perezosa, la muchacha tenía grandes deseos de probar aquella miel. Así, aupándose el uno al otro, pudieron subir hasta la rama más alta del árbol. Una vez allí, el muchacho desapareció: estaba acostumbrado a moverse por la selva, y pudo saltar de un árbol a otro sin dificultad. Pero ella no podía seguirlo. ¡Se había quedado sola en lo alto del árbol, fren-

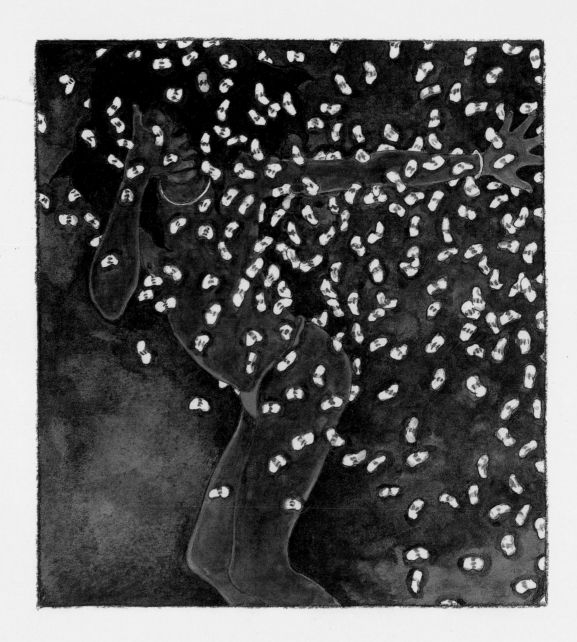

te a una colmena de las abejas más venenosas de aquel lugar!
Intentó bajar, pero las ramas estaban demasiado separadas, y
no logró más que despertar a las abejas.

Éstas empezaron a revolotear furiosas a su alrededor, y al
primer manotazo se lanzaron a picarla sin piedad. En aquellos
momentos de dolor, la acongojada muchacha recordó los cuidados que su hermano le prodigaba, la protección que le había brindado toda la vida... y lo mal que ella lo había tratado
a cambio. ¡Si ahora estuviera allí para salvarla! Entre sollozos,
intentaba suplicar:

—Permanece a mi lado, hermano mío, no me abandones, no me prives de tu protección.

Pero tan sólo pudo musitar:

*Kákuy, turay...*

*Kákuy, turay...*

Que en lengua quechua quiere decir «permanece, hermano mío».

A pesar de estas súplicas, él no regresó, y las abejas continuaron picando la cara, los brazos y todo el cuerpo de la muchacha, sin hacer caso de su lamento. Quería huir, quería que la salvaran, quería volar muy lejos de allí, convertirse en ave y volver junto a su buen hermano. Tan fuerte fue su deseo que los dioses se apiadaron de ella. El cuerpo de la muchacha empezó a cubrirse de plumas, y sus brazos se plegaron en alas. Su boca se transformó en pico, y sus pies en garras. ¡Era un pájaro! Pero al intentar volar descubrió que apenas podía ir de una rama a la siguiente.

Esa ave vuela eternamente por la selva en busca de su hermano. Y en la frondosa selva se escucha su lamento convertido en canto:

*Kákuy, turay ...*

*Kákuy, turay....*

*Éste es un cuento quechua que se ha conservado en Bolivia.*

# La piel de hojas

El tío Conejo era un tipo malo y sanguinario capaz de matar si le convenía. Eso lo sabía también el tío Coyote pero ya no podrá contarlo, porque murió a manos de su pequeño enemigo.

El rey de los animales se enteró del caso y quiso atrapar al temible conejo, vivo o muerto. Como todos conocían su astucia, estudiaron muy bien la mejor manera de hacerlo.

—Cuando tiene sed, baja a beber al río —dijeron los que conocían sus costumbres.

—Le esperaremos en la orilla —prosiguieron entonces los más decididos, sin temor a enfrentarse a él.

En previsión de lo que le pudiera pasar, el tío Conejo se había escondido entre unas mantas y había captado con sus grandes orejas todo lo que habían dicho de él.

Corriendo veloz y con toda discreción, se dirigió hacia el pueblo, entró en la primera zapatería que encontró abierta, robó un zapato y lo llevó tan deprisa como pudo. Al llegar a un camino lo dejó allí, como si alguien lo hubiera perdido.

Por ese mismo camino venía un hombre que llevaba la miel recién recogida de sus colmenas.

—¡Qué zapato tan bonito! Si tuviera el otro para completar el par, me lo llevaría.

El hombre siguió adelante, lamentando no haber encontrado los dos zapatos.

Mientras tanto, el tío Conejo recogió el que había quedado atrás en el camino y corrió a toda prisa, escondido entre los árboles, para dejarlo más adelante en un lugar por el que había de pasar el caminante. Allí esperó oculto al hombre que iba cargado de miel.

—¡Aquí está el zapato que faltaba! —exclamó éste al verlo.

Dejó el tarro de miel en medio del camino y volvió atrás en busca del zapato que había visto antes.

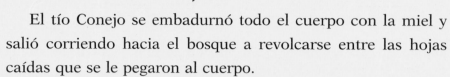

El tío Conejo se embadurnó todo el cuerpo con la miel y salió corriendo hacia el bosque a revolcarse entre las hojas caídas que se le pegaron al cuerpo.

Seguro de que no lo reconocerían con su nuevo disfraz, se dirigió hacia el río donde muchos animales esperaban que él llegara a beber. Aunque lo vieron, ninguno se imaginó que era él. Nunca habían visto un animal con la piel de hojas.

—¿Quién eres y de dónde vienes? —le preguntaron.

—Soy el rey de la hojarasca, que vengo de los bosques de la miel —dijo el conejo con voz ronca, para disimular.

Todos los animales le acompañaron hasta la orilla para que bebiera, le despidieron amablemente cuando se marchó y aún esperan allí la llegada de tío Conejo.

*Este cuento humorístico se narra en Nicaragua.*

# La flor del amor

Pitá era el guerrero más valiente de la tribu. Moratí, la más hermosa de las muchachas. Los dos se amaban y no podían vivir separados.

Pero no estaba escrito en los designios de sus dioses que serían felices.

Moratí era engreída y estaba orgullosa de sus encantos. Se sabía la más bella, la más atractiva, y quería que se lo reconocieran sus compañeras que paseaban con ella por las orillas del Paraná.

—No podéis ni imaginar qué es capaz de hacer por mi amor el valiente Pitá. ¡Ahora lo veréis! —les dijo.

Se quitó uno de los brazaletes que le había regalado su amado, y con gesto resuelto lo arrojó al agua. Después volvió la vista hacia el joven guerrero guaraní y le ordenó, retadora:

—Tráeme ese brazalete que ha ido a parar al fondo del río.

Pitá no lo pensó dos veces y se lanzó de inmediato a la corriente. Pasó un buen rato y no aparecía. Todas las amigas de Moratí permanecían allí, esperando impacientes a que saliera. Nadie dudaba de su valor, de su habilidad ni de su fuerza, pero transcurrió mucho tiempo y el hábil nadador no asomó por las aguas.

Todos los hombres y mujeres de la tribu estaban terriblemente desesperados: aquello había ocurrido por culpa de Moratí. ¡Si ella pudiera conseguir que todo volviera a ser como antes!

El hechicero de la tribu explicó en voz alta lo que estaba ocurriendo:

—Pitá ha caído prisionero de la hermosa Cuyá Payé. La hechicera lo ha arrastrado hacia el fondo de las aguas y lo ha llevado a su palacio. Allí lo ha hechizado y le ha hecho olvidar entre sus brazos el amor que le unía a la hermosa Moratí. ¡Los estoy viendo a los dos en la cámara de oro y diamantes del palacio de la hechicera, sumergido en las profundidades del Paraná! Nunca más volverá, a menos que vayamos a buscarlo.

—Se tiró al agua por mí, y yo debo sacarlo —se ofreció Moratí.

Al hechicero le pareció justa la decisión y asintió:

—Sólo tú puedes rescatarlo del amor de la hechicera. Sólo tu amor, si de verdad te quiere, puede arrebatarlo de su maléfica atracción.

La joven se lanzó a la corriente con una piedra atada a los pies para poder hundirse hasta el fondo. Las gentes de su tribu la acompañaban con sus cantos para darle ánimos.

Al rayar el alba, sobre las aguas del Paraná flotaban las hojas de una planta desconocida. Después sabrían que eran hojas del irupé. Sobre ellas bajaba flotando una hermosa y aromática flor. Los pétalos del centro eran blancos, como el rostro de la muchacha, y los del exterior rojos, como los labios del guerrero.

La extraña flor exhaló un suspiro y volvió a sumergirse en

las aguas. Los guerreros y las mujeres de la tribu se miraron sin saber cómo reaccionar. Entonces intervino de nuevo el hechicero:

—Moratí ha logrado rescatar a Pitá con la fuerza de su amor. Esta vez la terrible hechicera, que tantos guerreros ha robado, no ha conseguido su propósito. Los pétalos blancos y rojos que flotaban sobre la corriente eran los dos amantes que se abrazaban.

Desde entonces, cada vez que aparecen sobre las turbulentas aguas del inmenso Paraná los hermosos irupés, los habitantes de sus orillas recuerdan al valiente guerrero guaraní y a la hermosa muchacha que siguen amándose en las profundidades. La flor del irupé es tan hermosa y fragante porque nace del amor y del arrepentimiento sin medida de la hermosa Moratí, que obligó caprichosamente a un joven guerrero a sacrificarse por ella.

*Esta leyenda guaraní se puede oír en diversas versiones en Argentina, Paraguay o Brasil.*

# El amigo del cóndor

El zorro era amigo del cóndor. Pero con el transcurso del tiempo, el zorro y el cóndor se fueron distanciando porque éste no podía soportar los engaños y las maldades de aquél.

Un día llegó a todos los animales de la Tierra, mamíferos y aves, una curiosa invitación para celebrar un gran banquete en el cielo. El Creador los invitaba a una fiesta a la que debían acudir todos.

Los animales se sintieron halagados y empezaron a prepararse para tan maravilloso viaje. El cóndor fue el primero en entrenarse, sobrevolando incansable los más altos picos de los Andes, las nevadas cumbres y los amplios valles.

Llegado el día, en el momento en que el cóndor iba a despegar de la Tierra para el gran viaje, apareció el zorro.

—¡No me dejes aquí, amigo! Yo también quiero ir al cielo, a ese banquete al que nos han invitado.

—No puedo llevarte —replicó el cóndor—. Eres grosero y malvado. Si te llevo, me vas a hacer quedar mal en el cielo. ¡Aquí te quedas!

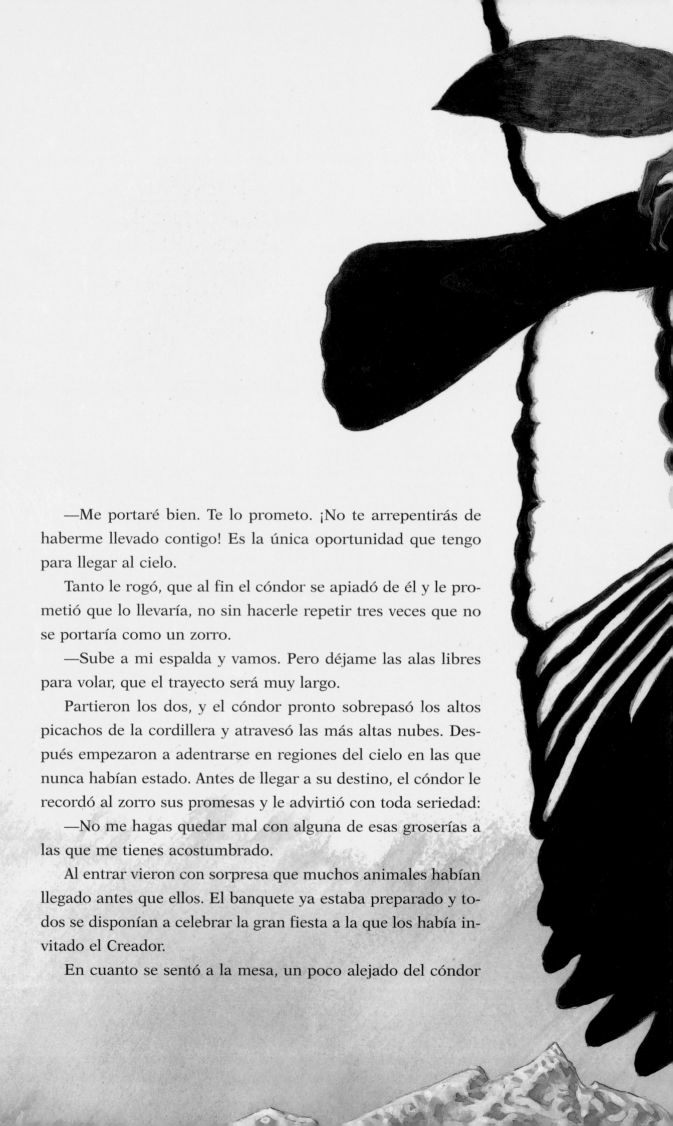

—Me portaré bien. Te lo prometo. ¡No te arrepentirás de haberme llevado contigo! Es la única oportunidad que tengo para llegar al cielo.

Tanto le rogó, que al fin el cóndor se apiadó de él y le prometió que lo llevaría, no sin hacerle repetir tres veces que no se portaría como un zorro.

—Sube a mi espalda y vamos. Pero déjame las alas libres para volar, que el trayecto será muy largo.

Partieron los dos, y el cóndor pronto sobrepasó los altos picachos de la cordillera y atravesó las más altas nubes. Después empezaron a adentrarse en regiones del cielo en las que nunca habían estado. Antes de llegar a su destino, el cóndor le recordó al zorro sus promesas y le advirtió con toda seriedad:

—No me hagas quedar mal con alguna de esas groserías a las que me tienes acostumbrado.

Al entrar vieron con sorpresa que muchos animales habían llegado antes que ellos. El banquete ya estaba preparado y todos se disponían a celebrar la gran fiesta a la que los había invitado el Creador.

En cuanto se sentó a la mesa, un poco alejado del cóndor

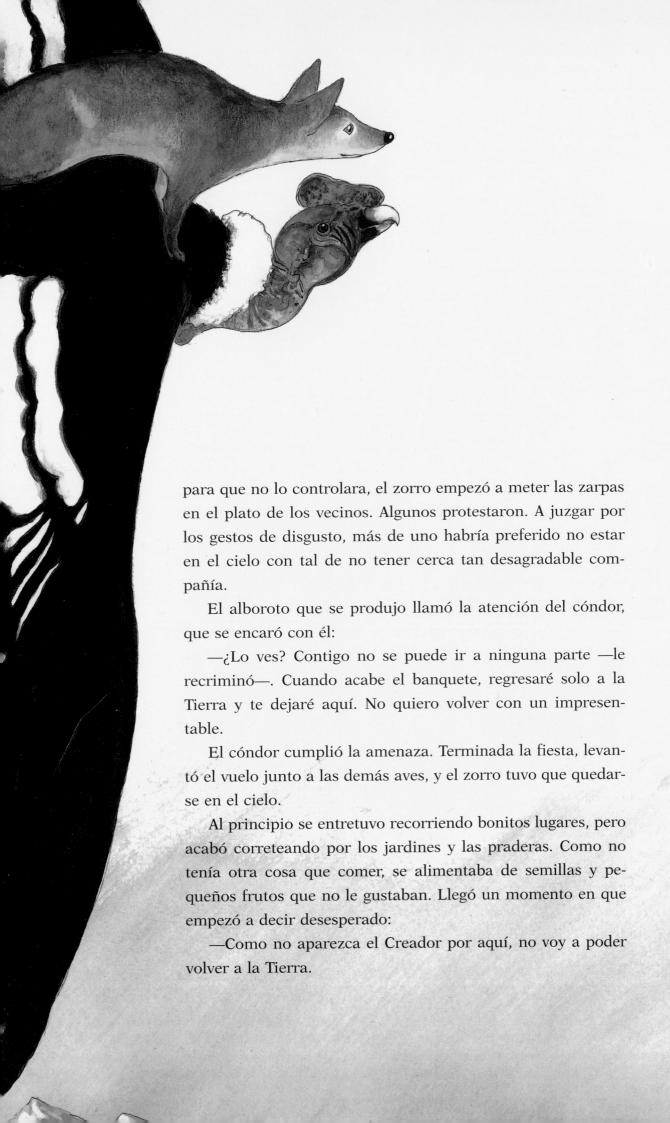

para que no lo controlara, el zorro empezó a meter las zarpas en el plato de los vecinos. Algunos protestaron. A juzgar por los gestos de disgusto, más de uno habría preferido no estar en el cielo con tal de no tener cerca tan desagradable compañía.

El alboroto que se produjo llamó la atención del cóndor, que se encaró con él:

—¿Lo ves? Contigo no se puede ir a ninguna parte —le recriminó—. Cuando acabe el banquete, regresaré solo a la Tierra y te dejaré aquí. No quiero volver con un impresentable.

El cóndor cumplió la amenaza. Terminada la fiesta, levantó el vuelo junto a las demás aves, y el zorro tuvo que quedarse en el cielo.

Al principio se entretuvo recorriendo bonitos lugares, pero acabó correteando por los jardines y las praderas. Como no tenía otra cosa que comer, se alimentaba de semillas y pequeños frutos que no le gustaban. Llegó un momento en que empezó a decir desesperado:

—Como no aparezca el Creador por aquí, no voy a poder volver a la Tierra.

Y cavilando de un lugar a otro, se le ocurrió una idea ingeniosa: «Haré una cuerda larga para bajar por ella.»

En eso vio un sauce de larguísimas y flexibles ramas. Cortó todas las que pudo y estuvo trabajando meses y meses con ellas hasta que hizo una interminable soga trenzada.

Cuando todo estuvo preparado, ató la enorme soga a uno de los más fuertes y gruesos troncos del jardín del cielo y, sin perder un segundo, comenzó a descender deslizándose por ella. Después de tanto tiempo sin cazar ni un solo conejo, estaba impaciente por bajar a la Tierra.

Estuvo muchas horas descendiendo. El trayecto se le iba haciendo mucho más largo que cuando subió montado sobre el cóndor, ya que entonces no tuvo que hacer ningún esfuerzo. Lo primero que vislumbró fueron unas nubes claras allá abajo. Cuando las hubo atravesado aparecieron otras muchas más densas, cargadas de lluvia. Las pasó casi a oscuras y entonces vio las crestas más altas de las primeras montañas, muy lejanas aún.

Seguía bajando y bajando cuando empezó a oír los primeros cantos de los pájaros. El corazón se le llenó de alegría porque la Tierra ya estaba más cerca. Entonces se produjo un gran revuelo, una confusión de voces de aves. Era la ruidosa bandada de loros que se acercaba. Las aves jugaban en el aire, se perseguían, chillaban. De repente, el loro que conducía la bandada vio algo que bajaba del cielo y quiso salir a su encuentro.

—¡Eh, mirad hacia arriba! Algo baja de las nubes colgado de una soga.

Para verlo mejor, subieron y subieron y subieron, hasta alcanzar su misma altura.

—¿Quién eres? —le preguntaron al zorro.

—Soy Dios, que bajo de los cielos —respondió el zorro—. ¡Postraos ante mí y adoradme!

Pero la cola del zorro, que ondeaba como una bandera, decía bien a las claras quién era.

—¿Cómo es que Dios tiene cola? —replicó uno de los loros, y todos los demás lanzaron unos chillidos de burla.

Toda la bandada voló en torno al zorro, lejos del alcance de sus garras, y descubrió el rojizo brillo de sus ojos.

—¡Si es el zorro, el viejo amigo del cóndor! —exclamó uno.

—¿No es éste el que acudió al banquete del cielo, y allí se comportó como un malvado? —añadió otro.

—Sí, sí. Y ahora le daremos su merecido.

Se agarraron a la soga trenzada más arriba y empezaron a picotearla. El zorro seguía bajando y juraba venganza contra los loros. Pero la soga se iba debilitando, hasta que se rompió del todo y el zorro se precipitó al vacío.

El golpe que se dio contra la montaña fue tan brutal que reventó, y de su vientre salieron las semillas que había comido en los jardines del cielo. Por eso hay plantas en la tierra: nacieron de las simientes que el zorro trajo del cielo y que el viento desparramó por montañas y valles.

*Para explicar cómo aparecieron las plantas, en algunas regiones de Argentina se cuenta este cuento.*

# El rescate del fuego

El fuego ayudaba a preparar los alimentos para que fueran comestibles y permitía hacer señales de humo para comunicarse. Además, cuando el invierno hacía castañetear los dientes de los hombres, allí estaban las brasas para dar calor. Y cuando el verano afilaba los aguijones de los insectos, allí estaba el humo para alejarlos.

Al fuego se le consideraba en aquellas tierras un verdadero regalo del cielo.

Por las noches, asomados a las aberturas de sus chozas, los miembros de la tribu contemplaban las hogueras que se iban apagando como el signo más claro de la paz. A su amparo, los hijos crecían alegres, fuertes. No es raro, por tanto, que todos quedaran estupefactos y muy preocupados cuando aquella mañana se apagaron de repente todas las hogueras sin que supieran el porqué.

Todos los hombres se lanzaron a buscar el fuego. Caminaron hasta lejanas regiones, llamaron a todas las puertas para saber qué había sido del fuego y cómo lo podían recuperar. Las cenizas ya no humeaban en ninguna parte. Según decían, sólo había fuego en un lugar de la selva, y aun allí estaban a punto de extinguirse las últimas brasas.

No había tiempo que perder. Un desesperado llamamiento de urgencia corrió por la selva. ¡Había que salvar el fuego!

En el Mato Grosso, los miembros de la tribu de los pareci comprendieron que debían darse prisa si querían salvar el fuego. Las brasas podían apagarse irremisiblemente en cualquier momento. Tenían que aunar todos los esfuerzos para salvarlas y avivarlas.

Convencidos de que el instinto guía mejor a los animales por la selva, decidieron ir convocándolos. Les expusieron la situación y esperaron su respuesta.

Los cuadrúpedos fueron los primeros en echarse atrás, aunque sus excusas no fueron muy válidas:

—¡Si nos hubieras avisado antes...! —decía uno de ellos—. Ahora ya es muy difícil recuperar el fuego.

—La aventura que nos proponéis es muy arriesgada —señalaba otro—. ¿Cómo podríamos transportar una brasa sin chamuscarnos el pelo?

Y todos los animales les aconsejaban que buscaran otra clase de ayuda, y se excusaban como podían. Ninguno de ellos quería correr riesgos.

Los pareci convocaron entonces a los pájaros de la selva. Tal vez ellos, que volaban, estarían dispuestos a arriesgarse un poco más. En cuanto los tuvieron reunidos a todos en las ramas de un árbol gigantesco, les expusieron el problema.

—Yo iré en busca de esa brasa —se ofreció Juruva, muy animoso.

Este pájaro, de hermoso y colorido plumaje, y con una larga cola de la que sobresalen dos plumas muy características, suele habitar en las ramas más bajas de los árboles de los bos-

ques o las selvas. Es un ave solitaria, que tiene un canto muy especial y un vuelo sostenido y potente, capaz de recorrer largas distancias.

Juruva partió al instante y voló sin desfallecer hasta que encontró aquel lugar que parecía inalcanzable. Dio con las cenizas y se puso a excavar en ellas hasta conseguir una pequeña brasa todavía encendida.

Dando muestras de su gran valor, agarró la brasa con el pico y se dispuso a emprender el vuelo, a pesar de que estaba convencido de que no podría soportar las quemaduras durante mucho tiempo. Pero antes de partir reflexionó un momento y cambió de idea. En lugar de llevarla en el pico, envolvió la brasa en las dos plumas salientes de la cola y emprendió el vuelo de regreso a la aldea de los pareci.

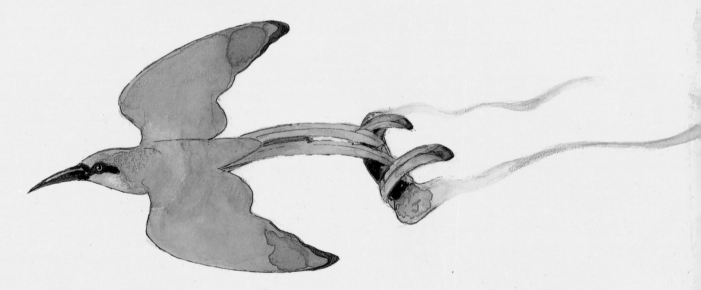

Tras un largo viaje, llegó agotado pero aún pudo entregar la brasa encendida. Los indios la acogieron como el más preciado de sus tesoros, la colocaron en una especie de nido de paja y hierbas secas, y empezaron a soplar en él.

Ante tantos cuidados y atenciones, la brasa dio muestras de volver a la vida. Los pareci la saludaron con gritos de entusiasmo al ver que cada vez se ponía más al rojo vivo y que había más esperanzas de salvarla.

Le acercaron una hoja muy seca y brotó la primera llama. Toda la tribu que esperaba con ansias aquel momento estalló en gritos de júbilo. Todos deseaban colaborar: unos acercaron al fuego más ramitas secas y otros soplaron con todas sus fuerzas. Las llamas se avivaban y empezaron a saltar las chispas. ¡El fuego se había salvado!

Los niños encendieron teas en el fuego que acababa de renacer para multiplicarlo. Sonó también la música y los pies danzaron impulsados por la alegría de los corazones.

Los hombres de la selva volvían a disfrutar de un fuego generoso.

Juruva contemplaba la escena desde una rama, cansado pero feliz, mientras las llamas producían irisados reflejos en sus plumas. La brasa le había dejado un hueco en medio de las dos plumas más altas de la cola. Era la señal del lugar en el que había sido transportada. Pero a Juruva no le importaba. Al contrario, se sentía orgulloso de aquella marca.

—¡Estas plumas que me faltan serán mi orgullo! Cuando vean ese hueco en mi cola, todos sabrán que fui yo quien salvó el fuego.

*Esta leyenda se ha conservado en Brasil.*

33 ☙

# La leyenda del mal cazador

En la falda del cerro Auyan-tepuy vivía un hombre que no tenía fama de ser muy buen trabajador, sino de todo lo contrario: nunca se había interesado por aprender a pescar, cazar, cultivar la tierra, tejer cestas de mimbre, ni por hacer las otras muchas cosas que debe hacer un hombre.

Por eso, cuando regresaba, a nadie le extrañaba que volviera con las manos vacías. ¿Cómo iba a conseguir ni una sola pieza si no llevaba redes, ni arco, ni flechas? Sus amigos y familiares, especialmente sus cuñados, se burlaban de él porque volvía sin nada y no tenía qué comer.

Una calurosa mañana estaba sentado a la sombra de un árbol, con los pies en el río. Su rostro reflejaba una gran tristeza, mientras miraba apesadumbrado cómo saltaban los peces sobre la superficie del agua y se hundían en ella.

—¿Por qué has dejado de pescar, Maichak? Te veo preocupado —le dijo un hombre que se había acercado a su lado.

—No sé pescar y me da rabia ver cómo pasan los peces sin poder atraparlos.

—Te voy a dar un pequeño recipiente hecho del fruto del taparo.

—¿Y de qué me servirá?

—Es un cuenco mágico. Si metes en él agua del río, éste se secará y quedarán los peces, que podrás atrapar sin dificultad. Sólo has de tener en cuenta una cosa: no lo llenes del todo, porque si el agua se derrama, provocará una gran inundación.

Maichak tomó el recipiente e hizo lo que el hombre le había dicho. Y ¡oh maravilla!, era verdad. Su regreso al pueblo, cargado de peces, fue triunfal. Nadie podía creer que hubiera pescado tanto. Pero el extraordinario fenómeno se repitió una y otra vez, y la curiosidad de saber cómo pescaba tan increíble cantidad de peces creció entre sus vecinos.

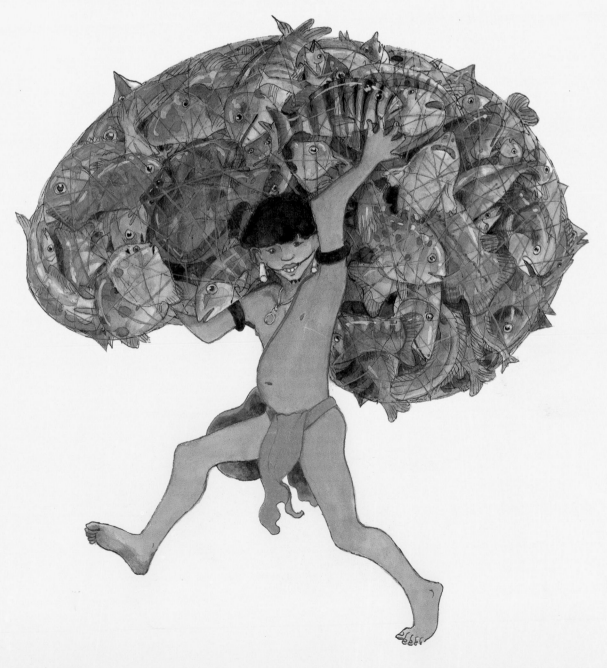

Un día Maichak se alejó de su casa, y sus cuñados le registraron la bolsa que siempre llevaba consigo. Fue entonces cuando descubrieron el recipiente mágico. Tenían sed y lo utilizaron para beber. Cuál no sería su sorpresa al ver que el río se secaba en cuanto el cuenco empezaba a llenarse de agua.

En seguida comprendieron cuál era el secreto de la habilidad de Maichak para la pesca. Lo habían descubierto por pura casualidad.

No fue aquél el último día que utilizaron el recipiente de Maichak para pescar más cómodamente. No obstante, como no conocían sus secretos, una vez lo llenaron a rebosar y el agua inundó toda la tierra. La corriente les arrebató el cuenco, y se lo tragó un gran pez.

Maichak volvió a ser el hazmerreír de todos. Sin el recipiente no conseguía pescar ni un solo pez, y regresaba a casa triste y con las manos vacías.

Aunque no sabía utilizar las flechas, salió de caza desesperado. En medio del bosque encontró un armadillo que llevaba una maraca y, acompañado por ella, cantaba una canción:

«Yo toco la maraca del báquiro salvaje, yo toco la maraca del báquiro salvaje...»

Mientras seguía tocando, entró en una cueva. El alboroto de la música hizo que una piara de báquiros, una especie de cerdos salvajes que allí se habían refugiado, salieran corriendo. Maichak los vio pasar por delante de donde él estaba, pero no fue capaz de aprovechar la ocasión para cazar ninguno de ellos, y regresó a casa derrotado.

El mal cazador creyó que el secreto estaba en poseer una

maraca como aquélla, y se apostó detrás de un árbol a ver si la conseguía. En cuanto vio al armadillo, se abalanzó sobre él y se la robó.

El animalito protestó un poco, pero no pudo recuperar el instrumento porque Maichak lo necesitaba de veras.

—Al menos no la pierdas, como ya hiciste con el cuenco de táparo —le dijo—. Que no se te ocurra tocar la maraca más de tres veces seguidas, porque vendrán los báquiros y te la quitarán.

Los cuñados de Maichak volvían a estar intrigados y no le quitaban ojo de encima, porque no lograban explicarse cómo se había convertido en el mejor cazador de jabalíes. Un día le siguieron los pasos a escondidas y vieron cómo tocaba la maraca para que salieran los animales de las cuevas.

En un descuido del cazador se la robaron y se adentraron con ella en la selva. Seguros de su éxito en la caza, tocaron y cantaron muchas veces la alegre canción del báquiro. Una piara de estos animales los rodeó y les robó el instrumento mágico.

Maichak se vio perdido al comprobar que le faltaba la maraca. De nuevo se encontró con el mismo gran problema que había tenido cuando le desapareció el cuenco fabuloso que utilizaba para pescar.

Durante muchos días estuvo buscando la maraca, desesperado. En una de estas correrías por la selva vio una mona que tenía una hermosa y larga melena, comparable con la de un león. Mientras la mona se peinaba fueron llegando muchas aves del cielo que revoloteaban a su alrededor.

—¿Por qué no me das el peine? —le suplicó Maichak, seguro de que había descubierto una manera fácil de cazar.

Cansado de sus insistentes ruegos, la mona se lo dio. Antes de marcharse, la presumida mona le avisó que no utilizara el peine más de tres veces seguidas, porque las aves podían arrebatárselo.

Maichak regresó a casa bien peinado y con varias aves col-

gadas al cinto. Tanto él como los suyos se quitaron el hambre atrasada de muchos días.

Sus cuñados, una vez más, comenzaron a vigilarlo porque no sabían de dónde le venía tan repentina habilidad para cazar aves.

Cuando vieron lo que Maichak hacía con el peine, se lo quitaron, tomaron los arcos y las flechas y se internaron en la selva. En cuanto empezaron a peinarse, sobre sus cabezas revolotearon aves de todos tipos y colores. Pero como no sabían lo que la mona le había advertido a Maichak, se peinaron tantas veces como les apeteció. Llegó tal multitud de aves que taparon el cielo, y en un momento de confusión les robaron el peine.

Maichak volvió a tener hambre y quiso ir a cazar, pero se encontró sin el peine que atraía a las aves.

Cuando se enteró de la traición de sus cuñados, se marchó triste y decepcionado a un lugar muy, muy lejano.

*Leyenda que se cuenta desde muy antiguo en la gran sabana de Venezuela..*

# El león y el mosquito

**H**abía una vez un león fiero y perezoso al que le gustaba permanecer echado, haciendo la siesta. Un día caluroso se tendió a la sombra de un gran árbol a esperar que pasara la tarde. Pero un mosquito que quería vengarse de él empezó a zumbarle en el oído.

El león se despertó rabioso y rugió:

—¿Por qué no me dejas dormir?

—Paseaba por aquí, y canto porque vengo contento —le contestó el mosquito.

—¿Cómo te has atrevido a molestar al rey de los animales, que te puede destrozar simplemente con su voz?

—Tienes muy mal genio y unos colmillos que espantan a cualquiera, pero yo no te tengo miedo.

El león se levantó y se dirigió hacia él con las fauces abiertas. Entonces el mosquito se le coló por la nariz y empezó a picarle por dentro.

El orgulloso animal se revolcaba sobre la hierba, pero no conseguía atraparlo ni librarse de él.

El insecto, seguro de sí mismo a pesar de ser tan pequeño, salió de la nariz del león y se burló de él con estas palabras:

—¿De qué te sirve ser el rey de la selva si no puedes ni con un mosquito?

Y el pequeño animal zumbó de nuevo a su alrededor y se le metió en el interior de la oreja.

—Les voy a decir a todos los habitantes de la selva que no has podido conmigo —dijo el diminuto mosquito al fiero león para humillarle.

Y cansado de picarle, echó a volar satisfecho y distraído, con tan mala suerte que al pasar entre unas ramas quedó atrapado en una telaraña. Pronto llegó la araña y se lo comió sin más, sin preguntarle nada.

*Esta fábula se cuenta en Cuba.*

# La huida

Había una vez una bruja que estaba casada con un hombre que también tenía poderes extraordinarios. Los dos eran muy peligrosos porque les gustaba comer gente.

Tenían una hija que ya estaba en edad de casarse. La chica conoció a un muchacho que andaba solo por el monte y se enamoró de él. El día que se lo presentó a sus padres, ya fue para irse con marido.

Festejaron el acontecimiento con una gran comida familiar, seguida de música y baile. Al finalizar, los dos jóvenes se retiraron a su habitación.

Pero, como ya se ha dicho, a la bruja y a su marido les gustaba la carne humana. La chica sabía que sus padres intentarían matar al marido para comérselo. Esperarían a que se durmieran, entrarían en la habitación, lo matarían y se lo comerían.

Temiéndose lo peor, la chica le dijo a su joven marido:

—Tenemos que huir. Mi madre es bruja y le gusta la carne humana.

—¿Cómo escapamos? —preguntó asustado el muchacho.

—No temas. Ya verás.

La chica se quitó un piojo de la cabeza y buscó otro entre los revueltos y ensortijados cabellos de su marido. Los dejaron a los dos dentro de la mosquitera y huyeron.

Los dos piojos, que estaban encerrados, no paraban de reír y de juguetear. La bruja y su marido seguían esperando el momento de entrar, sin sospechar nada porque pensaban que lo que oían eran las voces felices de los jóvenes recién casados.

—¡Cuánto tardan en dormirse! —mascullaban, impacientes.

Por fin, cansados de esperar, entraron en la habitación y vieron a los dos piojos que daban saltos, se perseguían por la mosquitera, chillaban y armaban bulla.

La bruja imaginó al instante lo que había pasado y exclamó encolerizada:

—Se han escapado. ¡Por todos los diablos!

—¿Y ahora cómo los perseguimos? —preguntó el marido.

—Móntate en un cerdo y corre.

El marido atrapó el primer cerdo que pudo, montó en sus lomos y salió a galope. Parecía que volaban.

Mientras tanto los dos jóvenes seguían la huida, evitando por todos los medios dejar rastro para que no los localizaran. Llegó un momento en que ya iban tranquilos porque habían logrado poner tierra por medio.

—Ya han descubierto nuestra huida y mi padre nos viene siguiendo montado en un veloz cerdo —exclamó de repente la chica, que también tenía poderes de bruja.

Las distancias se habían acortado peligrosamente. Ya no tenía sentido seguir escapando porque, a pesar de sus grandes esfuerzos, les venían pisando los talones y ya oían muy cerca los resoplidos del cerdo veloz.

—Aunque sigamos corriendo nos van a alcanzar. Es mejor que nos detengamos y que inventemos alguna treta.

Después de pronunciar estas palabras, la muchacha lanzó un hechizo que surtió efecto: el muchacho se convirtió en un árbol y ella en un colibrí.

Llegó el marido de la bruja y se detuvo a ver si los avistaba. El cerdo iba resoplando y ya no podía más. Dio una vuelta por los alrededores pero no consiguió localizar a los dos muchachos y abandonó la persecución. Muy desanimado por su fracaso, regresó al lado de la bruja.

—No he encontrado a nadie —le dijo—. Lo único que he visto ha sido un árbol y un colibrí.

—¡Síguelos antes de que se nos escapen de nuevo! —exclamó la bruja, enfurecida—. ¡Son ellos!

El marido montó de nuevo en el cerdo y siguió buscándolos, mientras los dos jóvenes esposos seguían huyendo con un poco más de sosiego y confianza porque creían que habían burlado a sus perseguidores.

No obstante, la chica pronto captó lo que estaba ocurriendo y volvió a alarmarse.

—Otra vez nos siguen los pasos. Mi padre está muy cerca.

Antes de que los alcanzara, convirtió a su marido en un caballo muerto y ella se transformó en un ave rapaz.

El marido de la bruja pasó muy cerca del caballo muerto y

volvió la cabeza porque no le gustó el espectáculo. Anduvo registrando todos los rincones pero no encontró a los fugitivos. También esta vez los dio por perdidos y regresó a su punto de partida.

Le contó a su mujer que no había visto ni sombra de los dos jóvenes. A ella le pareció que su marido era tonto y se enfureció. Cada vez tenía más hambre, cada vez le apetecía más comer gente.

—Lo único que he visto ha sido un caballo muerto y un ave rapaz —le confesó el hombre para concluir.

—El caballo muerto y el ave rapaz eran ellos —replicó la bruja con total seguridad—. Otra vez nos han burlado. ¡Vuelve al instante a buscarlos antes de que escapen!

Los dos fugitivos seguían alejándose, pero el veloz e incansable cerdo ya galopaba de nuevo con el marido de la bruja a la grupa.

Cuando los perseguidores se les iban acercando, decidieron

camuflarse de nuevo. El muchacho se convirtió en una amplia cañada, un gran camino por el que transitaban los rebaños, y la muchacha en un tordo más oscuro que la noche. Cuando vio llegar al viejo montado en el cerdo, el pájaro negro, sin dejar de observarlos ni un momento, se puso a beber agua de un arroyo.

El hombre merodeó por todos los alrededores mirándolo todo, pero de nuevo tuvo que volver a donde estaba la bruja sin haber descubierto a los que perseguía. La mujer montó en cólera en cuanto acabó de oír todo el relato de la persecución.

—¡La cañada y el tordo que bebía agua eran ellos! —gritó otra vez fuera de sí.

Ella misma montó a lomos del cerdo y se lanzó en persecución de los dos huidos.

El muchacho y la chica ya estaban cerca del río grande cuando se dieron cuenta de que los perseguían por cuarta vez.

—Ahora es la bruja la que va tras nosotros —dijo la muchacha.

—¡La bruja! ¡La bruja! —repitió el chico, aterrorizado.

Para que no los reconociera, los dos se arrojaron al agua y se convirtieron en mojarras. La bruja se acercó a la orilla, vio dos peces nadando muy cerca y al momento supo que eran los dos huidos a los que venía persiguiendo. Desmontó del cerdo y se metió en la corriente hasta la rodilla. No se adentró más porque a las brujas no les gusta el agua.

No obstante, la astuta bruja, en un momento de descuido de uno de los peces, lo agarró por el lomo. Resultó que la mojarra era la chica. La bruja se fue a frotar las manos, loca de contento, y en ese momento la mojarra dio un coletazo y se le escurrió de entre los dedos.

De nuevo juntos, los dos peces se internaron en el río grande lejos del alcance de la bruja, que se despidió de comérselos, y cruzaron hasta la otra orilla para ponerse definitivamente a salvo.

Cuando la bruja y su marido que comían carne humana dejaron de pensar en ellos, los dos jóvenes recién casados volvieron a vivir a su tierra, emprendieron una nueva vida y, según cuenta la leyenda, tuvieron hijos, fueron felices y comieron perdices.

*Esta leyenda se cuenta entre los tobas, en zonas del Chaco paraguayo y de Argentina.*

# La calabaza rota

En aquellos tiempos, cuando el mundo era joven y estaba poblado por los antiguos dioses, existió Yaya, que era el origen de la vida, el creador.

Yaya vivía con su esposa y su hijo Yayael, que era obediente y hacía todo lo que se le pedía. Pero a medida que fue creciendo, aprendió a pensar por sí mismo, y a menudo no estaba de acuerdo con lo que su padre, el gran espíritu, le decía. Se convirtió en un insolente que sólo quería hacer su voluntad y le faltaba al respeto a su padre. Yaya acabó por enfurecerse.

—Márchate de casa inmediatamente y no regreses hasta que pasen cuatro lunas —le ordenó, afligido.

Al cabo de cuatro meses de haber partido, Yayael regresó a su hogar. Pero la furia de Yaya no se había aplacado en este tiempo y, en un estallido de ira, mató al turbulento joven. Arrepentido y lleno de remordimientos, recogió los huesos de su hijo y los metió dentro de una calabaza hueca que colgó del techo de su cabaña.

Un tiempo después, Yaya tuvo tantos deseos de ver de nuevo a su hijo que descolgó la calabaza en presencia de su esposa. Pero los huesos habían desaparecido y, en su lugar, había muchos peces multicolores de todos los tamaños. Les parecieron tan apetitosos y abundantes que decidieron comérselos. Pero no se acababan nunca: cuantos más comían, más aparecían.

Cierta vez, cerca de la cabaña de Yaya, se oyó un alarido que irrumpió en la serenidad de la noche. El alarido fue seguido de otros tres. Itiba Cahubaba, la Madre Tierra, acababa de parir cuatro criaturas, cuatro gemelos sagrados.

El primero era de piel muy áspera, al que ella llamó Deminán Caracaracol. Era un niño curioso y temerario, al que sus hermanos emulaban y seguían a todas partes.

Deminán había oído hablar desde muy pequeño del misterioso Yaya, y a menudo había deseado conocer mejor el poderoso espíritu. En cierta ocasión siguió a Yaya cuando abandonaba la cabaña y se dirigía al huerto donde cultivaba maíz y yuca. Deminán se percató de que repetía cada día esa visita matutina. Así que una mañana muy temprano, en cuanto Yaya se fue a trabajar, Deminán Caracaracol condujo a sus hermanos a la cabaña, en la que descubrieron, colgada del techo, la calabaza mágica.

Al bajarla vieron que nadaban en ella peces de todas formas, tamaños y colores. A verlos tan deliciosos, no pudieron resistir la tentación y se los comieron. Estaban terminando de zampárselos cuando Deminán presintió que Yaya se acercaba. Temiendo su ira, los gemelos intentaron colocar la calabaza en su lugar; pero se les cayó y se hizo añicos.

Un inmenso manantial de agua brotó de la calabaza rota y cubrió la Tierra de ríos y lagos, de océanos y mares. En el agua dulce y en el agua salada nadaban peces de muy diferentes tamaños y colores; peces multicolores, como el arco iris. Y así fue como de los huesos de Yayael nació el mar.

*Éste es un mito taíno, que ha pervivido en islas del Caribe.*

# El ladrón burlado

La madre de Antonio le dijo a su hijo:

—Vete a Toconce a comprar harina y manteca, que se me ha terminado. Pero ten cuidado no pierdas las monedas.

El chico metió el dinero que le dio su madre en una bolsa bien ceñida al cuerpo, se cubrió con una manta, se puso un sombrero y se marchó a hacer el encargo al otro lado del cerro, donde estaba Toconce, el pueblo más cercano. Iba silbando para quitarse el miedo y para que se le hiciera más corto el camino.

Al poco rato vio un hombre que seguía sus pasos. Le pareció sospechoso y se ocultó tras un gran peñasco. Se quitó el sombrero, metió una piedra debajo y lo mantuvo apretado con fuerza.

El hombre que iba tras él, que efectivamente era un ladrón, le preguntó cuando le dio alcance:

—¿Qué escondes bajo el sombrero?

—He atrapado una gallina. ¿Por qué no me la sujetas un momento para que no se escape, mientras voy a buscar un saco donde meterla? —le rogó el chico.

El ladrón se relamió de gusto, pensando en el banquete que se daría a costa de la gallina del confiado niño, y se agachó para sujetar el sombrero.

Cuando creyó que Antonio ya estaba lejos, metió la mano debajo del sombrero para atrapar la gallina. Pero en vez de tocar suaves plumas, su mano chocó con una dura piedra, y en ese instante se dio cuenta de que había sido engañado.

—¡Me las pagarás! —rugió furioso.

Se encasquetó el sombrero hasta las cejas y se lanzó en persecución de quien se había burlado de él.

Aunque Antonio estaba lejos, no cesaba de mirar hacia atrás. Como se temía, el ladrón, con más práctica que él para andar por las montañas, se le iba acercando. Su mente trabajaba rápida para imaginar una nueva treta de huida. Se quitó la manta, la dejó sobre una gran peña y puso el hombro contra ella como si la estuviera sosteniendo para que no rodara cerro abajo.

Cuando llegó el ladón, le preguntó:

—¿Qué estás haciendo, muchacho?

—Apártate de ahí, que se va a desprender la tierra y nos va a aplastar a ti, a mí, y a todas las gentes de Toconce.

—¿Qué podemos hacer? —preguntó el hombre.

—Si sostienes un momento el peñasco, iré a buscar un gran palo y lo apuntalaremos con él para que no caiga rodando.

El bandido hacía toda la fuerza que podía para sujetar la roca, pero al ver que el chico no regresaba, sospechó que había sido burlado de nuevo y se enfureció. Sin importarle que el peñasco arrasara todo el pueblo, se apartó de un salto para no ser aplastado. Cuál no sería su sorpresa y su rabia al ver que la roca no se movió.

—¡Me las pagarás! —rugió de nuevo, imaginando cómo le robaría al chico y la paliza que daría en cuanto lo encontrara.

El muchacho había seguido corriendo hacia Toconce. A lo lejos se veía ya el valle y las casas de piedra apiñadas como un rebaño de vicuñas. A medida que se acercaba abundaban más los algarrobos desparramados por la ladera.

De pronto oyó un ruido, miró hacia atrás y distinguió la terrible silueta del hombre que lo perseguía. Pensó con la rapi-

dez y agudeza que lo caracterizaba y se puso a trenzar una cuerda desde una gruesa rama de algarrobo.

—¿Qué estás haciendo con esa cuerda? —le preguntó el ladrón en cuanto llegó a su lado.

—Estoy trenzándola para hacerla más resistente. Siento que la Tierra se va a dar la vuelta y los únicos que quedarán firmes serán los algarrobos. Voy a atarme a éste para no caer yo también.

—Átame a mí primero —le pidió el ladrón, temiendo por su vida—, no sea que se dé la vuelta la Tierra de verdad y me aplaste. Después te atas tú.

Antonio había logrado lo que quería.

—Abrázate al tronco —le ordenó—, que yo te sujetaré con esta cuerda.

El chico lo amarró bien fuerte y siguió tranquilo hacia el pueblo a comprar la harina y la manteca que le había encargado su madre.

Ya de regreso hacia su casa, el ladrón le preguntó:

—¿Cuándo se va a dar la vuelta la Tierra?

—No creo que tarde, pero mientras tanto dame la manta y el sombrero, que empieza a hacer frío y no quiero congelarme en el camino.

Le quitó la manta, se puso el sombrero y siguió silbando y contento hacia casa, con la harina y la manteca que le había encargado su madre.

*Cuento de enredos y de astucia que pervive en la tradición popular de Chile.*

# La música del cielo

No hace mucho tiempo existió un muchacho muy feo. Nadie le quería porque las mujeres del lugar sólo amaban a los hombres guapos. Y el joven se sentía cada día más triste.

Dapichí, la dueña del cielo estrellado, se apiadó de él. Se transformó en mujer y bajó a la Tierra para decirle:

—Ya no te sentirás triste nunca más, porque una de mis hijas estará a tu lado para amarte.

Y dicho esto, tomó una estrella del cielo y la convirtió en muchacha.

Gracias a Dapichí, el joven ya no se sintió nunca más triste ni feo. Cada noche la estrella se transformaba en una dulce muchacha que le daba felicidad.

Tan contento estaba el joven que dejó de ser feo. Las mujeres que antes lo habían rechazado, ahora lo cortejaban. Pero él ya no les prestaba atención, porque estaba enamorado de una estrella que le acompañaba cada noche.

En prueba de su amor, la hija de Dapichí le bajó del cielo un nuyvike, el violín de una cuerda. El sonido del nuyvike era tan hermoso que todo el mundo se acercaba para escucharlo, porque era una música celestial. Este instrumento no se conocía en la Tierra, y el muchacho se sintió muy honrado por aquel regalo.

Poco después la muchacha le pidió al joven que la acompañara al cielo, porque quería ver a Dapichí. Al llegar sintieron el intenso frío que allí hace. El muchacho no podía soportar aquella temperatura. Para ayudarlo, su compañera le dijo:

—El único calor que puedo ofrecerte es el de esta pequeña hoguera. Acércate e intenta calentarte con su fuego. Pero sobre todo no lo atices, porque sucedería una desgracia.

El muchacho se sentó frente a una pequeña hoguera, e intentó reponerse. Pero el fuego era tan tenue que apenas calentaba y, sin recordar la advertencia de la hija de Dapichí, lo atizó.

De aquellas débiles brasas surgió un majestuoso cóndor real con las alas de fuego, y de su vuelo se desprendieron unas poderosas llamas que abrazaron al muchacho. El joven ardió entre las estrellas.

Cuando la hija de Dapichí vio lo que había sucedido, lloró durante días, pues había amado profundamente a aquel joven. Después hizo un paquete con sus huesos y el nuyvike, y lo envió a la madre del muchacho, para que reposaran juntos. Desconsolada, jamás volvió a bajar del cielo.

Así llegó a la Tierra la música del nuyvike enviada por una estrella.

*Los tobas, indígenas del Chaco, explican de esta manera el origen del violín.*

# Las medias de los flamencos

Cierta vez las víboras dieron un gran baile. Invitaron a las ranas y a los sapos, a los flamencos, y a los yacarés y a los pescados. Los pescados, como no caminan, no pudieron bailar; pero siendo el baile a la orilla del río los pescados estaban asomados a la arena y aplaudían con la cola.

Los yacarés, para adornarse bien, se habían puesto en el pescuezo un collar de bananas, y fumaban cigarros paraguayos. Los sapos se habían pegado escamas de pescado en todo el cuerpo y caminaban meneándose, como si nadaran. Y cada vez que pasaban muy serios por la orilla del río, los pescados les gritaban haciéndoles burla.

Las ranas se habían perfumado todo el cuerpo y caminaban en dos pies. Además, cada una llevaba colgada, como un farolito, una luciérnaga que se balanceaba.

Pero las que estaban hermosísimas eran las víboras. Todas, sin excepción, estaban vestidas con traje de bailarina, del mismo color de cada víbora. Las víboras coloradas llevaban una pollerita de tul colorado, y las yararás una pollerita de tul gris pintada con rayas de polvo de ladrillo y ceniza, porque así es el color de las yararás.

Y las más espléndidas de todas eran las víboras de coral, que estaban vestidas con larguísimas gasas rojas, blancas y negras, y bailaban como serpentinas. Cuando las víboras danzaban y daban vueltas apoyadas en la punta de la cola, todos los invitados aplaudían como locos.

Sólo los flamencos, que entonces tenían las patas blancas, y tienen ahora como antes la nariz muy gruesa y torcida, estaban tristes, porque como tienen muy poca inteligencia no habían sabido cómo adornarse. Envidiaban el traje de todos, y sobre todo el de las víboras de coral. Cada vez que una víbora pasaba por delante de ellos, coqueteando y haciendo ondular las gasas de serpentinas, los flamencos se morían de envidia.

Un flamenco dijo entonces:

—Yo sé lo que vamos a hacer. Vamos a ponernos medias coloradas, blancas y negras, y las víboras de coral se van a enamorar de nosotros.

Y levantando todos juntos el vuelo, cruzaron el río y fueron a golpear en un almacén del pueblo.

—¡Tan-tan! —pegaron con las patas.

—¿Quién es? —respondió el almacenero.

—Somos los flamencos. ¿Tienes medias coloradas, blancas y negras?

—No, no hay —contestó el almacenero—. ¿Están locos? En ninguna parte van a encontrar medias así.

Los flamencos fueron entonces a otro almacén.

—¡Tan-tan! ¿Tienes medias coloradas, blancas y negras? El almacenero contestó:

—¿Cómo dice? ¿Coloradas, blancas y negras? No hay medias así en ninguna parte. Ustedes están locos. ¿Quiénes son?

—Somos los flamencos —respondieron ellos.

Y el hombre dijo:

—Entonces son con seguridad flamencos locos.

Fueron a otro almacén.

—¡Tan-tan! ¿Tienes medias coloradas, blancas y negras?

El almacenero gritó:

—¿De qué color? ¿Coloradas, blancas y negras? Solamente a pájaros narigudos como ustedes se les ocurre pedir medias así. ¡Váyanse en seguida!

Y el hombre los echó con la escoba.

Los flamencos recorrieron así todos los almacenes, y de todas partes los echaban por locos.

Entonces un tatú, que había ido a tomar agua al río, se quiso burlar de los flamencos y les dijo, haciéndoles un gran saludo:

—¡Buenas noches, señores flamencos! Yo sé lo que ustedes buscan. No van a encontrar medias así en ningún almacén. Tal vez haya en Buenos Aires, pero tendrán que pedirlas por encomienda postal. Mi cuñada, la lechuza, tiene medias así. Pídanselas, y ella les va a dar las medias coloradas, blancas y negras.

Los flamencos le dieron las gracias y se fueron volando a la cueva de la lechuza. Y le dijeron:

—¡Buenas noches, lechuza! Venimos a pedirte las medias coloradas, blancas y negras. Hoy es el gran baile de las víboras, y si nos ponemos esas medias, las víboras de coral se van a enamorar de nosotros.

—¡Con mucho gusto! —respondió la lechuza—. Esperen un segundo, y vuelvo en seguida.

Y echando a volar, dejó solos a los flamencos; y al rato volvió con las medias. Pero no eran medias, sino cueros de víboras de coral, lindísimos cueros recién sacados a las víboras que la lechuza había cazado.

—Aquí están las medias —les dijo la lechuza—. No se preocupen de nada, sino de una sola cosa: bailen toda la noche, bailen sin parar un momento, bailen de costado, de pico, de cabeza, como ustedes quieran; pero no paren un momento, porque en vez de bailar van entonces a llorar.

Pero los flamencos, como son tan tontos, no comprendían bien qué gran peligro había para ellos en eso, y locos de alegría se pusieron los cueros de las víboras de coral, como medias, metiendo las patas dentro de los cueros, que eran como tubos. Y muy contentos se fueron volando al baile.

Cuando vieron a los flamencos con sus hermosísimas medias, todos les tuvieron envidia. Las víboras querían bailar con ellos, únicamente, y como los flamencos no dejaban un instante de mover las patas, las víboras no podían ver bien de qué estaban hechas aquellas preciosas medias.

Pero poco a poco, sin embargo, las víboras comenzaron a desconfiar. Cuando los flamencos pasaban bailando al lado de ellas, se agachaban hasta el suelo para ver bien.

Las víboras de coral, sobre todo, estaban muy inquietas. No apartaban la vista de las medias, y se agachaban también tratando de tocar con la lengua las patas de los flamencos, porque la lengua de las víboras es como la mano de las personas. Pero los flamencos bailaban y bailaban sin cesar, aunque estaban cansadísimos y ya no podían más.

Las víboras de coral, que conocieron esto, pidieron en se-

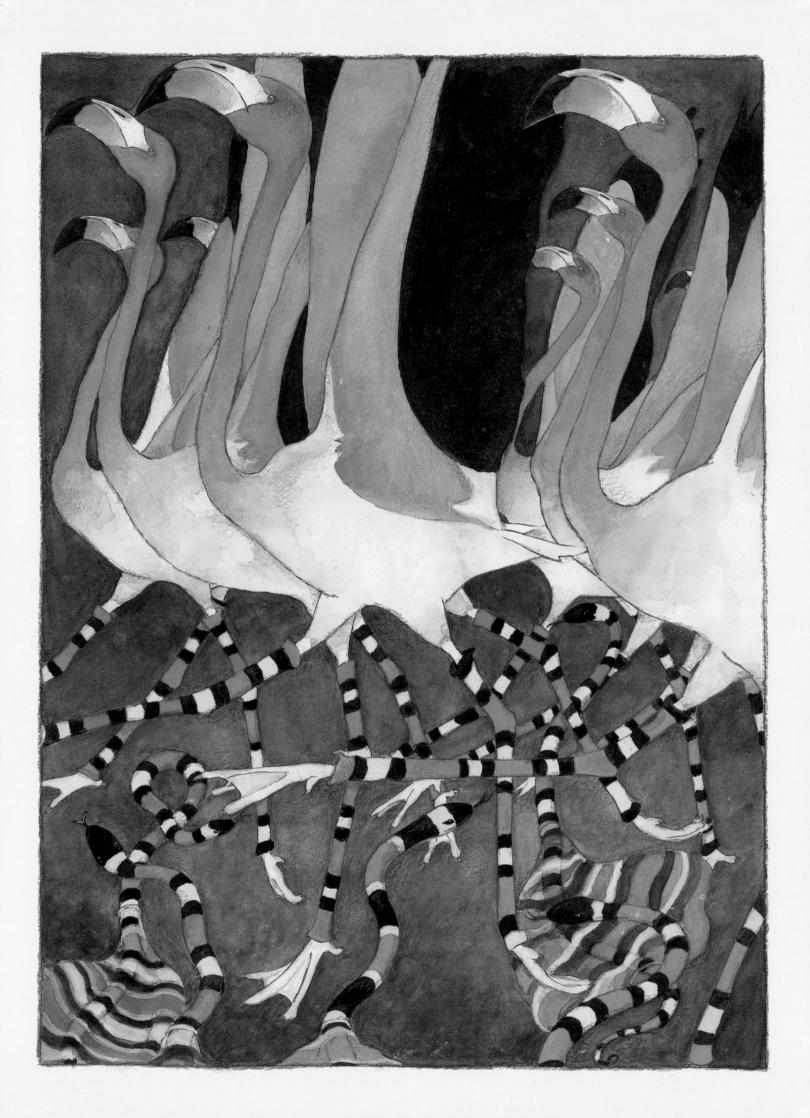

guida a las ranas sus farolitos, que eran bichitos de luz, y esperaron todas juntas a que los flamencos se cayeran de cansados.

Efectivamente, un minuto después, un flamenco, que ya no podía más, tropezó con el cigarro de un yacaré, se tambaleó y cayó de costado. En seguida las víboras de coral corrieron con sus farolitos, y alumbraron bien las patas del flamenco. Y vieron qué eran aquellas medias, y lanzaron un silbido que se oyó desde la otra orilla del Paraná.

—¡No son medias! —gritaron las víboras—. ¡Sabemos lo que es! ¡Nos han engañado! ¡Los flamencos han matado a nuestras hermanas y se han puesto sus cueros como medias! ¡Las medias que tienen son de víboras de coral!

Al oír esto, los flamencos, llenos de miedo porque estaban descubiertos, quisieron volar; pero estaban tan cansados que no pudieron levantar una sola pata. Entonces las víboras de coral se lanzaron sobre ellos, y enroscándose en sus patas les deshicieron a mordiscones las medias. Les arrancaron las medias a pedazos, enfurecidas, y les mordían también las patas, para que murieran.

Los flamencos, locos de dolor, saltaban de un lado para otro, sin que las víboras de coral se desenroscaran de sus patas, hasta que al fin, viendo que ya no quedaba un solo pedazo de media, las víboras los dejaron libres, cansadas y arreglándose las gasas de sus trajes de baile.

Además, las víboras de coral estaban seguras de que los flamencos iban a morir, porque la mitad, por lo menos, de las víboras de coral que los habían mordido eran venenosas.

Pero los flamencos no murieron. Corrieron a echarse al agua, sintiendo un grandísimo dolor. Gritaban de dolor, y sus patas, que eran blancas, estaban entonces coloradas por el veneno de las víboras. Pasaron días y días, y siempre sentían terrible ardor en las patas, y las tenían siempre de color de sangre, porque estaban envenenadas.

Hace de esto muchísimo tiempo. Y ahora todavía están los flamencos casi todo el día con sus patas coloradas metidas en el agua, tratando de calmar el ardor que sienten en ellas.

A veces se apartan de la orilla, y dan unos pasos por tierra, para ver cómo se hallan. Pero los dolores del veneno vuelven en seguida, y corren a meterse en el agua. A veces el ardor que sienten es tan grande que encogen una pata y quedan así horas enteras, porque no pueden estirarla.

Ésta es la historia de los flamencos, que antes tenían las patas blancas y ahora las tienen coloradas. Todos los pescados saben por qué es, y se burlan de ellos. Pero los flamencos, mientras se curan en el agua, no pierden ocasión de vengarse, comiéndose a cuanto pescadito se acerca demasiado a burlarse de ellos.

*El uruguayo Horacio Quiroga creó muchos cuentos como éste a partir de tradiciones orales latinoamericanas.*

# Las colas de cerdo

Pedro Urdemales pastoreaba una piara de cerdos cerca de un lugar pantanoso. Los animales no eran suyos sino de su patrón.

—¿Nos vendes esos cerdos? —le preguntaron unos viajeros que por allí pasaban.

Pedro se lo pensó bien y respondió:

—Los vendería, sí, pero sin cola.

A los viajeros no les importó la curiosa condición que les ponía, porque lo que querían no era la cola sino todo lo demás.

Así pues, pronto se pusieron de acuerdo y acabaron de cerrar el trato. Entonces el pastor cortó la cola a los cerdos. Los viajeros pagaron el dinero convenido y se llevaron los animales.

Pedro Urdemales, que tenía que justificar ante el dueño lo que había ocurrido con sus cerdos, fue a su encuentro y le dijo:

—Los cerdos se me han escapado y se han hundido en la ciénaga. ¡Lo siento! Sólo se les ven las colas.

El amo corrió hacia el lugar pantanoso y, en efecto, vio que en medio del cieno asomaban las colas de sus cerdos.

Ataron sendas cuerdas a dos de ellas y se dispusieron a sacar los animales hundidos. Pedro tiró flojito porque ya sabía que no había nada metido en el barro. En cambio el dueño dio un tirón tan fuerte que cayó de espaldas al suelo, dándose un tremendo trompazo.

Nunca más volvieron a intentar sacar ningún cerdo de allí, y Pedro Urdemales aún se ríe de las trampas que urdió, y todavía disfruta del dinero que ganó con la venta de los marranos.

*Cuento de astucias que se cuenta en Guatemala.*

# El señor del lago

En aquel tiempo los hombres creyeron que habían desaparecido las nubes en algún agujero del cielo. Como no llovía, una terrible sequía se abatió sobre los campos y las montañas. Muchas plantas comenzaron a secarse y parecía que toda la tierra se iba a convertir en un secarral. Incluso los líquenes, que resisten las condiciones de vida más extremas, no pudieron resistir aquella sequía bajo un sol tan implacable.

Los campos de cultivo se transformaron en llanos polvorientos. Cuando ya no había árboles, ni siquiera las sombras aliviaban el calor. El viento era el dueño de las llanuras, que azotaba sin piedad llevándose nubes de polvo.

La única planta que resistía era la flor de *qantu*, capaz de florecer en medio del más caluroso y seco verano. Pero la sequía era tan extrema que incluso ella empezó a secarse. Pronto sólo quedó con vida una rama y el capullo que salía de ella.

En cuanto se abrió la flor, en seguida se dio cuenta de que, si continuaba allí, su destino sería la muerte. Para vencerla nació en ella un ardiente deseo de ser pájaro. Si tuviera alas, podría escapar de allí hacia las montañas. Su deseo era tan fuerte que logró hacerlo realidad: los pétalos se transformaron en alas, de la corola se formó el cuerpo y las espinas del tronco de la planta se desplegaron hasta convertirse en plumas.

Por fin pudo levantar el vuelo y escapó de allí hacia la alta cordillera; sobrevolando los llanos donde se habían secado los ríos y los torrentes. Tras un largo viaje vio los primeros lagos, respiró su humedad, y se detuvo a beber. Dejó allí al fondo las aguas plateadas de la gran laguna de Wacracocha y empezó a ascender hacia las cumbres del Waitapallana.

Aprovechando hasta el final las últimas fuerzas que le quedaban, el pájaro llegó a la más alta cumbre y suplicó a la montaña:

—Oh gran Waitapallana, que tienes un trato continuo con las nubes y las tormentas, apiádate de la tierra que presides desde estas alturas y envíale la lluvia que necesita para seguir con vida.

Dicho esto, el pájaro se precipitó contra el suelo de roca, donde quedaron esparcidas sus plumas y su sangre.

La montaña se apiadó al oír aquel sentido ruego porque reconoció en las plumas del pájaro los pétalos de la flor que adornaba sus fiestas. Lágrimas de dura roca se precipitaron sobre las aguas del lago Wacracocha y su estruendo despertó al poderoso Amaru, que vive enroscado en sus profundidades.

El señor del lago se fue desenroscando perezosamente, se

removieron las aguas y pronto levantó un gran oleaje. La tierra se estremeció, y sus violentos movimientos resquebrajaron los peñascos e hicieron retumbar las montañas.

Una serpiente alada con cabeza de llama y cola de pez apareció en medio del lago. Era Amaru, a quien nadie había visto hasta entonces. Sus ojos brillaban como hogueras encendidas, y unas pequeñas y ágiles alas se agitaban sobre sus lomos. Levantó la cabeza sobre las aguas y su cuerpo se onduló como un látigo que restalla entre el día y la noche, entre el aire y las aguas.

Miles de guerreros a caballo se lanzaron contra él. Amaru salió a su encuentro, levantando su cola como una ola furiosa.

El poderoso y ágil cuerpo de Amaru arremetió con empuje demoledor contra los escudos y las lanzas. Los guerreros volaron por los aires hacia la bóveda del cielo, absorbidos por un gran remolino.

Del hocico de Amaru salió una densa niebla que se extendió por las montañas. Sus alas sacudieron las nubes y empezaron a caer cortinas de lluvia que regaron los montes y llenaron de torrentes las laderas. El brillo de su resplandor hizo nacer sobre la lluvia un gigantesco arco iris que sostenía la bóveda del cielo.

Cuando la vida parecía extinguida, la lluvia hizo reverdecer la hierba. Manaron las fuentes sobre las verdes praderas y los arroyos colmaron de majestad y de fuerza los ríos.

En las escamas de Amaru están escritos todos los signos de la vida y de la muerte. Las flores y los hombres, los ríos y las montañas, la abundancia y la escasez, los oscuros destinos y las glorias, todo procede del señor del lago. De él nace toda la realidad que se puede medir y también los sueños sin medida.

*Mito ancestral peruano dedicado al agua.*

# El dios del rayo

Al principio de los tiempos, la luz aún no brillaba. Por aquel entonces el cielo estaba dominado por Cosijogui, dios del rayo, eternamente sentado sobre un tronco.

Al pie de aquel tronco había cuatro inmensas ollas: la primera guardaba todas las nubes del mundo; la segunda, toda el agua; la tercera, todo el granizo; y la cuarta, todo el viento. Cuatro lagartijas sagradas vigilaban que las ollas no se abrieran, y que su contenido permaneciese en secreto para siempre.

Eso fue hasta que Cosijogui, con su voz de trueno, ordenó a la primera lagartija sagrada:

—¡Despierta a las nubes! ¡Quiero que salgan de la olla!

Y la guardiana destapó la olla. El cielo, aún en tinieblas, se cubrió de espesas nubes. Tan contenta estaba la lagartija al verlas libres que empezó a bailar y a lanzar relámpagos en señal de alegría. Al contemplar ese regalo del cielo, los habitantes de la Tierra le rogaron al dios del rayo que les enviase agua para saciar su sed.

Al oír sus súplicas, Cosijogui ordenó a la segunda lagartija sagrada:

—¡Despierta a las aguas! ¡Quiero que salgan de la olla!

Y la guardiana destapó la olla. Pero las aguas eran tan abundantes que inundaron la Tierra. Mientras tanto, los relámpagos continuaban surcando el cielo.

Al ver esto, los habitantes de la Tierra se asustaron y enviaron a una comisión de mujeres a suplicar al dios del rayo que cesasen las lluvias. Las mujeres encontraron a Cosijogui

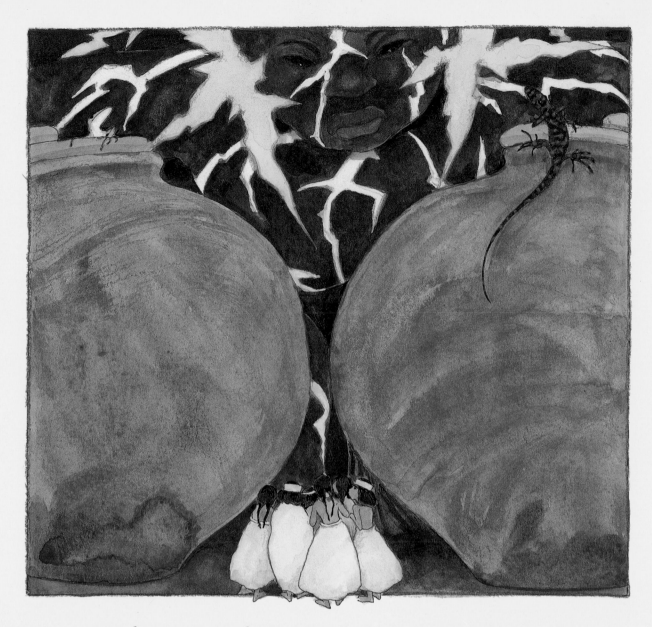

sentado en su tronco frente a dos ollas abiertas y otras dos cerradas. Quisieron saber qué ocultaban en su interior estas dos últimas, y tanta era su curiosidad que olvidaron su misión y suplicaron a Cosijogui que abriera aquellas ollas.

—¡Guardiana del granizo, abre tu olla al instante! —dijo el dios del rayo.

La lagartija obedeció al instante, y de la olla salió una avalancha de agua convertida en piedras. La tierra quedó asolada por la tremenda tormenta de lluvia, relámpagos y granizo.

Al ver el desastre que habían causado, las mujeres se asustaron mucho. Pero Cosijogui no quiso escuchar las súplicas, y bailaba sin cesar con las lagartijas sagradas, lanzando relámpagos en todas direcciones.

Tan sólo les quedaba suplicar la ayuda de Pitao, el Gran

Aliento, dios entre los dioses. Así pues, todos los hombres y los animales de la Tierra se dirigieron a él, encabezados por la comisión de mujeres.

Tras escuchar sus ruegos, Pitao se apiadó de ellos y ordenó a las nubes negras de Oriente que cedieran el paso a Gabicha, dios del sol. Así fue como Gabicha ocupó el cielo con su luz, contra la que ningún otro dios puede competir.

Cosijogui quedó admirado por el gran poder del sol, y quiso hacerle una ofrenda.

—¡Guardián del viento, destapa tu olla! —ordenó a la última de las lagartijas sagradas.

Una vez liberado, el viento empujó a las nubes, los relámpagos y el granizo, y los metió de nuevo en sus ollas, que taparon las lagartijas sagradas. Y entonces, para obsequiar al nuevo dios, Cosijogui tendió un puente multicolor: ese puente anunciaría siempre a los hombres y a los dioses que Gabicha, el sol, estaba allí para darles el don de la luz tras la tormenta.

Y a ese puente lo llamamos todos arco iris.

*Esta leyenda zapoteca aún se cuenta en México.*

# Vista de gato, oído de perro

El perro tiene un oído magnífico.

Por la noche descubre hasta el más sutil de los ruidos. Es capaz de oír aquello que nadie más puede captar.

El gato tiene una estupenda vista.

Sus ojos brillan en la oscuridad, e incluso puede ver en las tinieblas más espesas.

Hubo una vez un gato y un perro que dormían en la misma habitación, y una rata pasó sobre el techo. De la cola de la rata cayó un pelo.

Entonces el perro dijo:

—He oído algo. Pero no veo nada.

El gato le respondió:

—Yo no he oído nada, pero he visto esto.

Y el gato le enseñó al perro el pelo de la rata.

*Cuento chaqueño de animales.*

# Un pez en las manos

Blanca se quedó huérfana cuando era muy pequeña. Su padre se volvió a casar, pero ella nunca consiguió el cariño de su madrastra.

Blanca era muy bella, mucho más hermosa que la hermana nacida del nuevo matrimonio de su padre. Eso precisamente acrecentó su desgracia. La envidia de su madrastra la relegó a los peores trabajos. Tenía dieciséis años y ya le tocaban los más duros quehaceres: ir por agua, cocinar, barrer los rincones más sucios de la casa. Se la veía triste y apesadumbrada.

—Si ya has acabado de barrer, vete a buscar agua al arroyo —le dijo su madrastra.

Ella sabía que no necesitaba el agua, que la enviaba sólo para humillarla. Sin embargo tomó el balde y bajó al arroyo. En el momento en que se agachó para llenarlo, sus ojos se nublaron y desprendieron amargas lágrimas.

Pero en ese momento notó un rápido movimiento y le pareció sentir que el agua se agitaba en el balde. Miró dentro y vio que había un pez.

Lo que en otro riachuelo hubiera sido lo más natural del mundo, allí era muy extraño. La muchacha nunca había visto peces en aquel arroyo mientras lavaba. Sorprendida, lo atrapó con sus temblorosas manos y lo apretó para que no se le escurriera.

—¿Por qué no me dejas en libertad?

La chica se quedó pasmada: el que había hablado era un pez.

—¿Cómo es que sabes hablar? —le preguntó Blanca.

—Yo antes no era pez. Viví de otra manera, alegrando la vida de algunas gentes. Por cierto, muchacha, ¿alguien se ha fijado en lo hermosa que eres?

Blanca se ruborizó, se miró en el espejo del agua y permaneció en silencio.

El pez prosiguió:

—Te pareces mucho a una flor que he descubierto en el fondo del agua, un sitio al que sólo yo puedo entrar.

—Si te dejo suelto, ¿te volveré a ver?

—Siempre que lo desees. Basta con que cantes: «¡Ya estoy aquí, Juino mío!», y saldré.

La muchacha soltó al pez, que hizo una pirueta de despedida y desapareció en el fondo. Blanca regresó a casa con el balde lleno de agua. La madrastra, muy enfadada, la riñó por haber vuelto tan tarde y la castigó duramente.

A partir de aquel afortunado encuentro, Blanca suspiraba por volver al arroyo. No había ocupación que le gustara tanto como ir a buscar el agua que la familia necesitaba.

—Desde que te vi no he dejado de pensar en ti —le dijo el pez en cuanto volvió a verla. Y la muchacha sintió gran emoción y un calor en los labios, como si le hubieran dado un beso.

El pececito salió del agua y se dejó acariciar antes de volver a la corriente.

Cuando la muchacha regresó a casa con el balde lleno, la madrastra se encaró de nuevo con ella:

—¿Por qué llegas tan tarde, bruja mentirosa?

—El arroyo se está secando y he tenido que ir a buscar agua más arriba.

La madrastra pegó a la muchacha, que lloró una vez más. Sin embargo, no estaba dispuesta a traicionar al pez y siguió haciendo todo lo posible por verlo. La madrastra y su marido quisieron averiguar el porqué de la tardanza y ordenaron al hermano más pequeño que la siguiera.

—«Aquí estoy, Juino mío» —cantó Blanca al llegar a la orilla del arroyo.

El niño asistió oculto al diálogo de amor entre su hermana y el pez, y después contó a sus padres las conversaciones de novios y las promesas de amor que se habían hecho.

La madrastra ideó un malvado plan contra la muchacha. Hizo que la madrina la invitara a su casa. Acostumbrada a renunciar a todo, Blanca quiso rehusar la invitación pero la madrastra la instó a que saliera. Era el primer paseo que iba a dar desde niña sin tener que ir a trabajar. Para trasladarse a aquella casa tenían que seguir un camino que cruzaba el arroyo. Antes de atravesarlo, el hermano pequeño se acercó a la orilla y cantó:

—«Aquí estoy, Juino mío.»

El pez salió a la superficie. La madrastra, que se había preparado para este momento, descargó el machete contra él. Las aguas se enturbiaron y el pez desapareció. Algunas escamas grises flotaban sobre el agua. La madrastra se dio por satisfecha, creyendo que había acabado con él.

Por la tarde, cuando Blanca volvió al arroyo en busca de agua, el pez no salió a su encuentro a pesar de que ella cantó las palabras de amor de siempre. Desesperada, Blanca se lanzó al fondo de las aguas.

La familia de la muchacha se impacientó ante su tardanza y bajaron en su busca. No la encontraron. Sólo vieron dos pececitos nadando corriente arriba.

La madrastra enloqueció, torturada por la culpa, y sus hijos se marcharon con el padre. Ahora ella pasa los días en la orilla, vigilante, armada con un machete que lanza con furia cada vez que ve removerse las aguas.

*Cuento de tradición oral en la República Dominicana.*

# El convite del zorro
# y la cigüeña

El zorro invitó a la cigüeña a comer a su casa. Pero no pensó en el largo pico de su amiga, y sirvió los deliciosos manjares en un plato. El zorro comió opíparamente, pero la cigüeña sólo pudo picotear la comida.

Al día siguiente la cigüeña le devolvió la invitación. Pero cuando el zorro llegó a casa de su amiga dispuesto a comer, encontró los manjares servidos dentro de una botella. La cigüeña metió el pico dentro del cuello de la botella y se lo comió todo... ¡pero el zorro sólo pudo lamer el borde!

*En las pampas aún narran esta fábula.*

# La mujer de piedra

En aquellos tiempos sólo había dos ciudades donde los hombres podían nacer: la ciudad de la Tierra y la ciudad del Cielo. Las dos tenían su rey, y muchas gentes que les obedecían.

El del Cielo era el más poderoso porque dominaba el sol, la luna y la estrellas. Si hubiera querido, también habría podido ser señor de la Tierra, pero no tenía esa ambición ni quiso ejercer jamás el derecho de conquista.

El rey del Cielo tenía un hijo, y el de la Tierra una hija de gran belleza. Los dos jóvenes crecieron felices sin conocerse. Ambos eran muy queridos en su reino.

Llegado el tiempo de buscar esposa para el príncipe del

Cielo, su padre pensó en la hermosa y esbelta hija del rey de la Tierra. Sin consultar a su hijo, pues en aquellos tiempos no se atendía a los deseos de los jóvenes que querían casarse, el rey del Cielo envió a unas hadas a pedir la mano de la princesa de la Tierra. Éstas se despidieron de él y se marcharon a cumplir sus órdenes por el hueco abierto de la estrella que servía de puerta.

Llegaron por sorpresa a la ciudad de la Tierra con las luces del amanecer. Sin preguntar nada a nadie para no despertar sospechas, se dirigieron al mejor palacio y entraron por la puerta central sin abrirla. Sus prodigiosos poderes les permitían hacer maravillas como ésta.

Se presentaron ante el rey en el salón del trono y le contaron el objetivo de su visita. Éste se sintió halagado y muy contento por la elección del rey del Cielo, pero antes de dar una respuesta, comprometiendo su palabra, quiso consultar a su hija.

La princesa, que ya tenía otros planes impulsados por los deseos de su corazón, le contestó:

—Amo con todas mis fuerzas a un muchacho de palacio y no me casaré con otro que no sea él.

El padre, que la quería con locura, estaba dispuesto a respetar sus deseos y despidió a las embajadoras del rey del Cielo sin darles una respuesta clara.

También él tenía sus hadas de confianza, capaces de volar y de hacer maravillosos prodigios. Las reunió y les contó el apuro en que se encontraba.

Las hadas subieron al cielo sin la menor dilación, y la mayor de ellas, que gozaba de más autoridad, le contó al rey la negativa de la muchacha a casarse con su hijo.

El gran soberano, que no estaba acostumbrado a que nadie se opusiera a su voluntad, estuvo a punto de estallar de ira y de tomar venganza de los hombres, privándoles del sol y de las estrellas. Pero se lo pensó mejor y estudió la manera de conseguir lo que quería.

Consideró que la mejor manera de lograr lo que pretendía era hacer desaparecer al joven a quien la muchacha tanto amaba. Nadie supo cómo ni por qué camino, pero lo cierto es que, aprovechando las sombras de un día tormentoso, sacaron al muchacho del castillo, lo llevaron a un cerro a las afueras de la ciudad y lo arrojaron a una gran grieta abierta en él.

La hermosa hija del rey de la Tierra y su madre lloraron amargamente su desaparición. El rey del Cielo observaba su dolor y las incansables búsquedas que emprendían para encontrar al muchacho.

Su paciencia llegó al límite cuando la joven abandonó el palacio y corrió en busca de su amado. Enfurecido con ella, ordenó a la lluvia que no volviera a regar los campos y detuvo al sol en medio del cielo para que castigara duramente con sus afilados rayos a los habitantes de la Tierra.

Pero nada amedrentó a la princesa, que proseguía desesperada la búsqueda de su amado. La luna se llenó dos veces de resplandor y se fue consumiendo otras dos. Después de muchas vueltas por toda la Tierra, la muchacha adivinó que lo habían arrojado a una gran grieta que se abría como las fauces de un león en el cerro Danibacuza.

A la luz del crepúsculo llegó al lugar, cansada y sudorosa pero llena de alegría. Dos centinelas armados con resplandecientes espadas le cerraron el paso. El dolor le encogió el corazón, y de sus ojos brotaron amargas lágrimas en forma de gotas cristalinas que resbalaron colina abajo, hasta la ciudad. Aquel incesante llanto fue secando a la muchacha, que poco a poco se convirtió en mujer de piedra.

Cuando cesó la lluvia de lágrimas, los hombres pudieron salir en busca de la hija del rey, pero cuando la encontraron no se atrevieron a tocarla. Ante ella montaban guardia un pelotón de centinelas armados con relampagueantes espadas. Cuando todo el pueblo supo quién era aquella estatua de piedra, irrumpió en vítores y aplausos.

—Ya no es la bella muchacha que conocimos —dijeron—, pero nos ha ayudado más que nadie porque nos ha dado el regalo del agua.

Desde entonces, cuando escasean las lluvias al campo abrasado por el sol, los hombres del reino de la Tierra llegan hasta la estatua que permanece recostada, y la ponen en pie. La mujer de piedra vuelve a llorar por su tragedia, y las aguas inundan de nuevo la Tierra.

*Este relato se cuenta en México procedente de la tradición zapoteca.*

# Se va a caer el mundo

El conejo vio que estaba perdido, que se le venía el mundo encima, que la peor desgracia que le podía ocurrir la tenía a cuatro pasos.

Allí delante estaba el zorro, astuto y veloz. El conejo no tenía escapatoria.

Fue entonces cuando pensó que la única salida que le quedaba era engañarlo. Hasta ese momento a ningún conejo se le había ocurrido nunca burlar a un zorro. Parecía algo imposible.

«Si no se me ocurre algo muy pronto, me va a comer», se dijo.

Junto al conejo había una piedra. ¡Si al menos pudiera ocultarse tras ella...! Pero ya era imposible, porque el zorro lo había visto.

La piedra era tan alta que parecía una pared. El conejo se acercó a ella y empezó a empujar, como si estuviera aguantándola para que no cayera.

Vio al zorro más cerca y empezó a gritar:

—¡Zorro, zorro, ayúdame, que se va a caer el mundo!

El zorro se acercó. Lo tenía a su lado, lo oía respirar, veía sus dientes afilados... Hubiera sido un suicidio escapar. Por eso insistió, como si estuviera muy apurado:

—¡Ayúdame a aguantar la piedra, que se va a caer el mundo!

El zorro puso sus manos delanteras en la piedra y empujó fuerte. No quería que se le cayera el mundo encima. Entonces el conejo aprovechó para escapar.

—Si sueltas la piedra, te va a caer el mundo encima y te va a aplastar —le gritó ya desde lejos.

El zorro aún está aguantando la piedra para que el mundo no le caiga encima.

*Éste es un cuento picaresco que se puede oír en Bolivia.*

# Los pollitos van a la escuela

La gallina tenía siete pollitos y quería que crecieran fuertes, sanos y bien educados. Buscaba una buena escuela para ellos, y le pidió al zorro que le recomendase alguna.

—Yo sé de una escuela estupenda. Enseñan a los animalitos a ser buenos y bien educados, y luego pueden ir a la ciudad a trabajar y ser ricos y famosos —le respondió—. Yo mismo llevaré a tu hijo mayor a esa escuela tan fabulosa.

Aquello le gustó mucho a la gallina, que tomó del ala al pollito mayor y se lo dio al zorro. En cuanto el astuto animal perdió de vista a la gallina, se zampó al pollito.

Al cabo de unos cuantos días, el zorro volvía a estar hambriento, de modo que se presentó ante la gallina y le dijo:

—Tu hijo mayor ha aprendido mucho en la escuela: sabe sumar, restar, multiplicar, dividir, de todo. Ahora está trabajando en la ciudad y pronto será rico y famoso. ¿No querrías que otro de tus hijos siguiera sus pasos? Yo mismo lo llevaré a la escuela.

La gallina estaba muy agradecida, porque creía que el zorro quería ayudar a los pollitos. Así pues, tomó a su segundo hijo y se lo confió. Cuando la gallina se hubo ido, el zorro se zampó al segundo pollito.

Poco después, el zorro fue a la casa de la gallina.

—¡Qué listos son sus hijos, señora Gallina! —le explicó—. El segundo pollito también ha aprendido muy rápido todo lo que le tenían que enseñar en la escuela, y ya está en la ciudad, convirtiéndose en un gallo muy próspero. Yo de usted no esperaría más y mandaría a todos los pequeños a la escuela, en vista de que son tan inteligentes. Yo mismo los llevaré, si usted me lo permite.

Las palabras del zorro enorgullecieron a la gallina, que no dudó en confiarle a los cinco pollitos restantes. «Seré la madre de los gallos más importantes del lugar», pensaba la gallina.

Pero tan pronto como hubo marchado, el zorro se comió a todos los pollitos, uno tras otro. A los pocos días volvía a estar hambriento, y a la gallina ya no le quedaban más hijos que mandar a la escuela. Así que el zorro decidió comerse a la gallina también.

—Señora Gallina, sus hijos ya trabajan en la ciudad —le dijo—. Pronto serán ricos y famosos. ¿No querría usted visitarlos? Yo mismo la acompañaré.

Y la gallina, confiada, se cubrió la cabeza con un pañuelito rojo y se dejó guiar a la ciudad por el zorro. El astuto animal se la zampó en un recodo del camino, y sólo quedó de ella el pañuelito rojo. Muy ufano, el zorro se limpió el hocico con el pañuelo, y después se lo ató al cuello.

Como todavía estaba hambriento, pensó que tal vez el señor Gallo podría saciarle, aunque no fuera tan tierno como los pollitos ni tan carnoso como la señora Gallina.

Pero el gallo venía de la ciudad y había descubierto el engaño del zorro. En cuanto vio que se le acercaba el glotón animal, se subió a la rama del árbol más próximo.

—Baje de ahí, señor Gallo —le dijo el zorro—. Sus hijos están trabajando en la ciudad y su esposa ha ido a visitarlos. Yo mismo le acompañaré para que se reúna con ellos.

El gallo tan sólo respondió:

—Uno, dos, tres, cuatro.

—¿Qué me dice, señor Gallo?

—Cuento los perros del cazador.

Al oír aquellas palabras, el zorro echó a correr asustado. El gallo los atrajo hasta el árbol, para que persiguiesen al glotón animal. Así lo hicieron, y el zorro tuvo que esconderse en una madriguera en la que apenas cabía. Allí resguardado, les preguntó a sus patas:

—¿Qué hacíais vosotras mientras los perros me perseguían?

—Nosotras corríamos rápidas, para huir veloces —le respondieron.

—¿Y qué hacíais vosotras, orejas, mientras los perros me perseguían?

—Escuchábamos a los perros, para mantenernos lejos de ellos.

—¿Y qué hacíais vosotros, ojos, mientras los perros me perseguían?

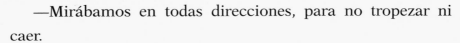

—Mirábamos en todas direcciones, para no tropezar ni caer.

—¿Y tú, cola? ¿Qué hacías tú mientras los perros me perseguían?

—Me enredaba con los arbustos y las zarzas, para que te pillaran.

El zorro se enfureció con su cola traidora, y exclamó:

—¡Fuera de aquí, cola sucia! ¡No mereces salvarte!

Y sacó la cola de la madriguera para que los perros se la comieran. Pero tras la cola iban las patas, y tras las patas el lomo, y a fuerza de tirar los perros sacaron al zorro entero. El zorro estaba gordo y sabroso por haber comido tantos pollitos, y los perros estaban hambrientos, así que se lo zamparon entero. Y del zorro glotón no quedó nada más que un pañuelito rojo.

*Cuento de animales de la zona de La Rioja, Argentina.*

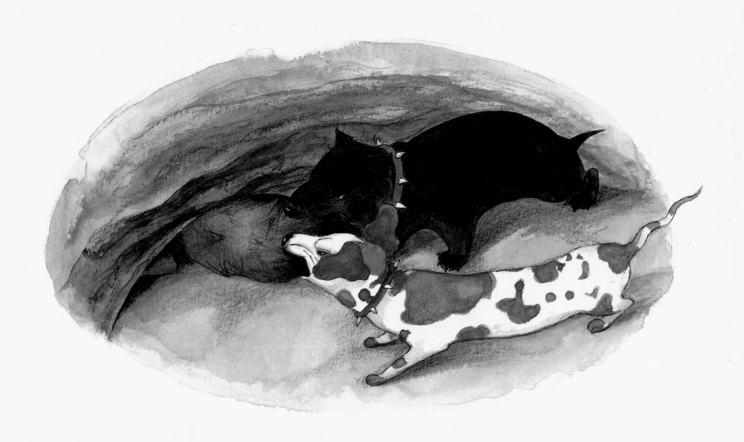

# El lago de oro

Se decía que en la laguna de Guatavita vivía una terrible serpiente. Según algunos se trataba de la diosa Bachué; según otros, del mismísimo diablo. Sea lo que fuere, los indios muiscas le ofrendaban oro y esmeraldas para calmar sus iras y obtener sus favores.

El cacique de Guatavita estaba casado con una muchacha muy hermosa pero, preocupado por conseguir el progreso y el esplendor de su reino y seducido por el encanto de otras mujeres, comenzó a olvidarse de ella. La mujer se sentía infeliz y despreciada.

Mientras sufría este abandono, un indio que tenía alto cargo en la corte del cacique se enamoró de ella. La muchacha se le entregó, olvidándose de que era la mujer del cacique y madre de su única hija.

Enfurecido porque había sido engañado, el jefe de los muiscas impuso a la pareja los más crueles castigos, y finalmente hizo matar al amante. Después, en venganza, ordenó a sus juglares que difundieran con sus cantos y sus versos, en todas las fiestas de las aldeas, la vergonzosa conducta de su esposa, que tuvo que soportar una larga y cruel humillación.

La mujer lloró su desgracia y esperó una noche sin luna para llevar a cabo sus planes. Protegida por las tinieblas, tomó a su hija en brazos y se dirigió hacia la laguna de Guatavita, cuyas oscuras aguas siempre habían ejercido una gran fascinación sobre las personas desgraciadas. Las estuvo mirando un buen rato y, como otros hacían ofertas de oro y perlas, ella arrojó lo que más quería: su hija. Acto seguido, se sumergió tras ella y las dos se ahogaron.

Los sacerdotes guardianes de la laguna oyeron el chapoteo desde sus cabañas. Cuando acudieron a ver qué pasaba, ya era demasiado tarde. Madre e hija habían desaparecido en las profundidades y ya no quedaba más que un temblor en la superficie del agua.

Al amanecer se confirmaron las sospechas. Los sacerdotes, llorando el trágico acontecimiento, fueron a comunicar al cacique de los muiscas que su mujer y su hija habían muerto. En un primer momento, éste reaccionó con incredulidad pero después, presa de una gran angustia, corrió hacia la laguna. Contempló anonadado las oscuras y misteriosas aguas, y ordenó al jefe de los sacerdotes que se sumergiera en ellas por si aún podía rescatar a la madre y la niña.

El sacerdote se retiró a un lugar discreto a la orilla y puso en práctica unos viejos ritos a la luz de una gran fogata. Metió piedras entre las brasas y, cuando estuvieron al rojo vivo, los lanzó al agua. Después se tiró él mientras el cacique esperaba en la orilla con creciente ansiedad.

Cuando el sacerdote salió, dijo:

—Su esposa se encuentra muy bien junto a la serpiente de la laguna. Tanto ella como su hija son felices allí y no regresarán.

—Vuelve al fondo y exígeles que regresen —le ordenó el cacique, enfurecido.

El sacerdote se zambulló de nuevo y sacó en brazos el cuerpo inerte de la niña. Antes de dejarla partir, la serpiente le había arrancado los ojos para que el cacique no tuviera la tentación de quedársela.

—¡Que se cumpla el deseo de la serpiente! —tuvo que decir el cacique, apesadumbrado y lleno de tristeza y remordimientos, y la devolvió para que la madre la criara bajo las profundidades del agua.

El terrible dolor que le golpeó el corazón mientras su hija desaparecía le hizo constatar cuán inmenso era el cariño que sentía tanto por la niña como por la madre.

En esos momentos de dolor, el cacique de los muiscas se comprometió a incrementar las ofrendas a la serpiente para ganarse con ellas su benevolencia y asegurarse que la vida de su esposa sería tan feliz como durante los primeros años que habían pasado juntos.

El cacique comenzó un período de sacrificios y de purificaciones del cuerpo y del espíritu como preparación para una gran fiesta. Entre los indios corrieron rumores de la fastuosa ceremonia que se avecinaba, y en todas las aldeas comenzaron a preparar deliciosos manjares para comer, y la exquisita chicha para beber. Afinaron los instrumentos y durante algunos días se oyeron los ensayos de los músicos. Sacaron las máscaras festivas, y las mujeres confeccionaron ponchos y vestidos nuevos.

Al amanecer el gran día, los sirvientes untaron el cuerpo del cacique con un espeso aceite y lo cubrieron con polvo de oro. Después de que lo vistieran con su manto real, emprendió el camino hacia la orilla de la laguna. Guerreros y cortesanos que habían llegado de toda la comarca tendían sus capas y mantos de flores para que el cacique caminara sobre ellos. Entre los juncos le aguardaba una balsa.

El cacique subió a ella acompañado por algunos nobles de su séquito y se dirigieron hacia el centro de la laguna. Se quitó la túnica y su cuerpo resplandeció como una estatua de oro, rodeado de joyas, esmeraldas y los más exquisitos manjares. Todo eso era lo que quería ofrecer a la serpiente en memoria de la esposa muerta en la laguna. Puesto en pie invocó a los dioses, y finalizadas las plegarias fueron lanzadas al fon-

do todas las ofrendas, y por fin se tiró él mismo. Mientras buceaba se desprendió de la gruesa capa de oro que le cubría el cuerpo.

Cuando salió a la superficie, los guerreros que lo acompañaban impulsaron la balsa hasta la orilla, donde dio comienzo una gran fiesta, y todos disfrutaron de la música, de las danzas y de los manjares que habían preparado.

A fuerza de celebrarlo repetidamente, este rito se convirtió en una tradición. Con los años, ésta fue la ceremonia que sirvió para investir de poder a los nuevos jefes de los muiscas.

Nadie sabe qué fue de la mujer del cacique ni qué sucedió con tantos regalos. Lo que sí es cierto es que el fondo de la laguna se fue llenando de oro, prueba del amor de su esposo que intentaba desagraviarla.

*La leyenda de El Dorado, viva en este cuento colombiano, atrajo a muchos exploradores sedientos de oro.*

# Las bodas del tío Perico

El tío Perico preparaba su boda, e invitó a su amigo el gallo para que acudiera a compartir su felicidad. Sin dudarlo un segundo, el gallo se vistió con sus mejores galas y se puso en camino. Al poco de iniciar su ruta, el gallo tropezó con una boñiga muy apetitosa. Se dijo:

—¿Qué hago? Si como de esta boñiga que tanto me apetece, no podré ir a las bodas del tío Perico. No, no comeré.

Así, el gallo prosiguió su camino, y al poco encontró una nueva boñiga, todavía más apetecible que la anterior. Contemplando el manjar, se preguntaba:

—¿Qué hago? Si como, me mancharé el pico...

Y antes de acabar la frase, ya paladeaba la suculenta boñiga. El gallo terminó con todo el pico sucio.

—¿Qué hago? ¡No puedo ir a las bodas del tío Perico con este pico!

El gallo continuó caminando, y encontró una flor, a la que suplicó:

—Flor, flor, límpiame el pico que me lo he manchado y no puedo ir a las bodas del tío Perico.

Pero la flor le contestó:

—¡No quiero!

No tardó mucho el gallo en encontrar una oveja en el camino.

—Ovejita, ovejita, pace a la flor, que no ha querido limpiarme el pico y no puedo ir a las bodas del tío Perico.

Y la oveja contestó:

—¡No quiero!

Entonces el gallo se encontró con un feroz lobo.

—Lobo, lobo, cómete a la oveja, que no ha querido pacer a la flor, que no ha querido limpiarme el pico, y no puedo ir a las bodas del tío Perico.

Pero el lobo contestó:

—¡No quiero!

En su camino, el gallo se encontró con un perro, y le suplicó:

—Perro, perro, mata al lobo, que no ha querido matar a la oveja, que no ha querido pacer a la flor, que no ha querido limpiarme el pico, y no puedo ir a las bodas del tío Perico.

A lo que el perro contestó:

—¡No quiero!

Al poco el gallo tropezó con un palo, y le dijo:

—Palo, palo, pega al perro, que no ha querido matar al lobo, que no ha querido matar a la oveja, que no ha querido pacer a la flor, que no ha querido limpiarme el pico, y no puedo ir a las bodas del tío Perico.

Y el palo contestó:

—¡No quiero!

Continuó el gallo caminando, y se encontró con una lumbre.

—Lumbre, lumbre, quema al palo, que no ha querido pegarle al perro, que no ha querido matar al lobo, que no ha querido matar a la oveja, que no ha querido pacer a la flor, que no ha querido limpiarme el pico, y no puedo ir a las bodas del tío Perico.

Pero la lumbre contestó:

—¡No quiero!

Poco después, encontró el agua, y le dijo:

—Agua, agua, apaga la lumbre, que no ha querido quemar el palo, que no ha querido pegar al perro, que no ha querido matar al lobo, que no ha querido matar a la oveja, que no ha querido pacer a la flor, que no ha querido limpiarme el pico, y no puedo ir a las bodas del tío Perico.

—¡No quiero!

Al rato se encontró el gallo con la vaca:

—Vaca, vaca, bébete el agua que no ha querido apagar la lumbre, que no ha querido quemar al palo, que no ha querido pegar al perro, que no ha querido matar al lobo, que no ha querido matar a la oveja, que no ha querido pacer a la flor, que no ha querido limpiarme el pico, y no puedo ir a las bodas del tío Perico.

—¡No quiero!

—¿Por dónde íbamos?

—Por la vaca.

—¡Pues álzale el rabo y bésale el caca!

—¡Bésaselo tú, que a mí no me hace falta!

Mientras tanto, el gallo se encontró con un cuchillo.

—Cuchillo, cuchillo, mata a la vaca, que no ha querido beberse el agua, que no ha querido apagar la lumbre, que no ha querido quemar el palo, que no ha querido pegar al perro, que no ha querido matar al lobo, que no ha querido matar a la oveja, que no ha querido pacer a la flor, que no ha querido limpiarme el pico, y no puedo ir a las bodas del tío Perico.

—¡No quiero!

El gallo fue entonces a la herrería.

—Herrero, herrero, rompe el cuchillo, que no ha querido matar a la vaca, que no ha querido beberse el agua, que no ha querido apagar la lumbre, que no ha querido quemar el palo, que no ha querido pegar al perro, que no ha querido matar al lobo, que no ha querido matar a la oveja, que no ha querido pacer a la flor, que no ha querido limpiarme el pico, y no puedo ir a las bodas del tío Perico.

—¡No quiero!

Muy enfadado, el gallo se dirigió a la muerte, para decirle:

—Muerte, muerte, llévate al herrero, que no ha querido romper el cuchillo, que no ha querido matar a la vaca, que no ha querido beberse el agua, que no ha querido apagar la lumbre, que no ha querido quemar el palo, que no ha querido pegar al perro, que no ha querido matar al lobo, que no ha querido matar a la oveja, que no ha querido pacer a la flor, que no ha querido limpiarme el pico, y no puedo ir a las bodas del tío Perico.

—¡No quiero!

Fue entonces cuando el gallo fue a ver a Dios.

—Dios, Dios, ordena a la muerte que se lleve al herrero, que no ha querido romper el cuchillo, que no ha querido matar a la vaca, que no ha querido beberse el agua, que no ha querido apagar la lumbre, que no ha querido quemar el palo, que no ha querido matar a la oveja, que no ha querido pacer a la flor, que no ha querido limpiarme el pico, y no puedo ir a las bodas del tío Perico.

Y cuando Dios envió la muerte al herrero, el herrero corrió porque quiso romper el cuchillo, que quiso matar a la vaca, que quiso beberse el agua, que quiso apagar la lumbre, que quiso quemar el palo, que quiso pegar al perro, que quiso matar al lobo, que quiso matar a la oveja, que quiso pacer a la flor, y entonces la flor fue corriendo a limpiarle el pico al gallo... ¡y el gallo pudo ir a las bodas del tío Perico!

*Cuento de retahílas de la tradición española.*

# La madrina siniestra

Había una vez un matrimonio que tuvo un hijo. Eran tan pobres que no encontraban a alguien que hiciera de padrino del niño para el bautizo.

El padre salió a convidar al primero que pasara por el camino, pero no pasó nadie. De regreso a casa le salió al paso la muerte a la que contó lo que deseaba. Ésta le dijo:

—No se preocupe, yo haré de madrina y sacaré de pila al niño. Además, lo ayudaré para que pueda estudiar hasta llegar a médico.

Bautizaron al niño y creció feliz y estudió mucho y un día fue médico. Entonces la siniestra madrina le salió de nuevo al encuentro y le dijo:

—Toma esta hierba. Con ella podrás curar a cualquier enfermo. Pero si, cuando vas a visitar a uno de ellos, me ves esperando al pie de la cama, no intentes tocarlo con la hierba porque a ése ya le ha llegado la hora.

Con la ayuda de aquella hierba en los casos más difíciles, el muchacho llegó a ser un médico muy conocido.

Un día le llamaron a casa de una mujer rica que se estaba muriendo. Entró en la habitación y vio la muerte al pie de la cama. No obstante, la enferma le ofreció tanto dinero que la tocó con la hierba en los labios y la curó.

De regreso hacia casa, la siniestra madrina le advirtió:

—Por ser la primera vez te perdono, pero ten en cuenta que no debes curar a nadie si me encuentras al pie de su lecho.

El médico siguió salvando vidas y su fama fue en aumento, hasta tal punto que muchos le llamaban para que los curara.

Un hombre rico y famoso que estaba muy enfermo lo llamó, dispuesto a darle la mitad de su inmensa fortuna si lo curaba. Al llegar, el médico vio el brillo de la guadaña pero no se atrevió ni a mirar a la que la sostenía con sus huesudas manos. No obstante, curó al enfermo y cobró la mitad de sus riquezas.

La madrina siniestra le avisó de nuevo de manera más severa:

—La próxima vez te tocará a ti.

Por aquellos días enfermó la hija del rey y convocaron a todos los médicos del reino para que pusieran su ciencia a su disposición. El joven no fue hasta que el rey prometió que el que la curara se casaría con ella. El monarca, conocedor de su fama, lo animó a cumplir con su trabajo. Él entró en la habitación, temeroso de encontrarse de nuevo con la madrina siniestra. En efecto, allí estaba. Había llegado antes que él y le hacía señales de que no sacara la hierba milagrosa. Sin embargo el médico, compadecido de la muchacha y deseoso de casarse con ella, la curó.

La siniestra madrina le dijo:

—Has colmado mi paciencia. Esta vez voy a cumplir mi amenaza.

A pesar de las protestas de su ahijado, la muerte lo llevó a una gran estancia donde había muchas velas encendidas de todos los tamaños, desde muy grandes hasta muy pequeñas.

La muerte aún le hizo una concesión antes de llevárselo con él:

—Cada vela corresponde a una vida, cuando se apaga se acaba la vida. Si adivinas cuál es la tuya, seguirás con vida.

El joven fue repasándolas una a una, mirando sus móviles llamitas, de las más grandes a las más pequeñas. Por fin, se acercó a una de las más diminutas y exclamó: «Es ésta.» Pero con el solo aliento que salió de su boca al pronunciar estas dos cortas palabras se apagó la vela y él quedó muerto.

*Cuento de la tradición popular española.*